Dieser Katalog wurde anlässlich der Ausstellung

Kosher Nostra

Jüdische Gangster in Amerika 1890 – 1980

im Jüdischen Museum der Stadt Wien

vom 3. Dezember 2003 bis 25. April 2004 publiziert

Jüdisches Museum Wien

DAILY NEWS

Herausgeber: Oz Almog im Auftrag des Jüdischen Museum der Stadt Wien

Idee und Ausstellungskonzept: Oz Almog

Text: Oz Almog, Erich Metz

Mitarbeit: Erich Metz, Michaela Dauber, Petra Springinsfeld

Übersetzung: Angela Kupzik, Sabine Schmid

Ausstellungsarchitektur: Alexander Kubik

Grafik Katalog, Plakat und Folder: Jacqueline Godany

Repros: Jacqueline Godany

Druck: REMAprint, Wien

Dank an: Edward Fay/Daily News, NY; Mark Silverman/Detroit News; Mike Reed/Chicago, Illinois; Eleanor McBurrows/Detroit Police Department; Rachel Howe, NY; Familie Hauser, Salzburg; Wolfgang Saiko, Wien. Walter Geppert, sowie an alle, die für ihre Mithilfe nicht genannt werden möchten.

Grabfotos: Rachel Howe, Mike Reed, Jacqueline Godany

Umschlagfotos: Corbis (vorne), Daily News Archive, New York (hinten)

ISBN 3-901398-34-1

OZ ALMOG

KOSHER NOSTRA

TOD IN AMERIKA 1890 – 1980

EINE COLLAGE
DER DÜSTEREN GESCHICHTE AMERIKAS

INHALT

VORWORT

Begegnung mit dem Bösen

Zu Oz Almogs Austellung „Kosher Nostra“

Von Michael Schmitz

Aufgeregt, so berichtete der Künstler, haben sich schon viele, bevor das erste Bild überhaupt hing. Ohne auch nur eines gesehen zu haben. Heftige Vorwürfe musste er sich anhören. Wie kannst Du nur? So die entsetzten Ausrufe. Andere konnten gar nicht aufhören, Oz Almog zu versichern, für wie mutig sie sein Konzept halten und wie sehr sie das jüdische Museum in Wien loben müssen, dass hier die Ausstellung „Kosher Nostra“ zu sehen ist. Oz Almog trifft mit seinem Thema einen Nerv. Sonst begegnete er nicht so emotionalen Reaktionen. Offenbar geht es in seiner Kunst, wieder einmal, um etwas Wichtiges.

Konfrontation und Kontroverse. Damit haben wir zu tun. Dahinter steckt Absicht. Eine Ausstellung mit dem Titel „Kosher Nostra“ empfinden Kritiker als Provokation, die Assoziation, die der Begriff, zugegebenermaßen, wecken will, als unzulässig, ja unanständig. Was bitte, so die abwehrende Rhetorik, sollen Juden mit der Mafia, also organisiertem Verbrechen zu tun haben? Welchen perfiden Gedanken will uns der Maler Almog unterschieben. Dass es auch jüdische Gangster gegeben hat, wer wollte das bestreiten? Womöglich haben einige sogar eine gewisse Rolle im organisierten Verbrechen gespielt. Weshalb aber sollte das zum Gegenstand öffentlicher Erörterung gemacht werden? Kunst hin oder her. In den Fragen stecken, kaum verhüllt, Vorwürfe. Sie kommen nicht von ungefähr. Sie haben Gewicht. Vorsicht! Die Kritiker werfen mit schwerer Moral.

Ihre Einwände zielen auf die Frage: Wem nutzt das? Die Antwort liefern sie gleich mit. „Den Anti-Semiten“. Ein *schlagendes* Argument. Ein *erschlagendes*? Zugegeben, Anti-Semiten werden in der Ausstellung nach Stoff suchen, den sie in ihre miese Propaganda rühren möchten, um *die* Juden als Drahtzieher des organisierten Verbrechens darzustellen, das Volk als Volk von Verbrechern, als verbrecherisches Volk. So ist ihre Gedanken-Kette vorstellbar. Warum ihnen in die Hände spielen? Warum gerade jetzt, da wir, zweifellos, einem neuen globalen Antisemitismus begegnen, der den Juden die Schuld gibt an allem Schlechtem und Bedrohlichem, in der krudesten Form sogar an den Anschlägen des 11. September. Die Situation ist weltpolitisch für den Staat Israel und für die Juden überhaupt so schwierig, so bedrohlich. Warum ihren Gegner Munition liefern?

Während ich im Kopf diese Gedanken bewege, theoretisiere, explodieren in Istanbul mit brutaler Realität zwei Autobomben vor Synagogen. Verheerende Terroranschläge. Mindestens 23 Menschen tot, über 300 verletzt. Opfer eines grausamen, zügellosen, menschenverachtenden Hasses. Istanbul war, in der Sprache der Terroristen ein „weiches Ziel". Der israelische Außenminister Silvan Shalom hat die Tat zurückgeführt auch auf Antisemitismus in Europa, in der EU. 59 Prozent der Europäer, so das Resultat einer EU- Umfrage, nennen Israel als „die größte Gefahr für den Weltfrieden", vor Nordkorea, Iran oder arabischen Staaten. Shalom warnt, wohl wissend, dass es viele solcher „weichen Ziele" gibt.

Der Hass gegenüber Juden ist schlimmer geworden, schlimmer als erträglich sowieso. Warum ihn, unvorsichtig, naiv, vielleicht ohne jede Absicht, womöglich mit leichtgemachten Assoziationen nähren? Den Kurzschluss zulassen „Kosher Nostra“ sei ein Synonym für „verbrecherisches Volk“. Müssen wir der Freiheit der Kunst nicht eine Grenze setzen, wenn sie von Anti-Semiten in menschenverachtender Weise missbraucht werden kann? Wenn das sogar schon absehbar ist?

Wir können uns vorstellen, was bald auf diversen Internet-Seiten zu lesen sein wird. Oz Almog stellt in seinen Büchern zur Ausstellung umfangreiches Material über „Jüdische Gangster“ zur Verfügung, das, mit entsprechender Absicht, zerfleddert und unflätig aufbereitet werden kann. Die Verbindung zwischen einer Kunstausstellung, werden die Veranstalter einwenden, und anti-semitischem Terror ist weit hergeholt. Stimmt. Aber jeder Antisemitismus, egal in welcher Form oder Verkleidung, trägt in sich den Keim des Pogroms. Also des Terrors.

Mancher Antisemitismus kommt zunächst unscheinbar daher. Zum Beispiel in einem grauen Jackett, Hemd, Kragen und Krawatte. Als Abgeordneter der CDU im Deutschen Bundestag. Er wird mit Applaus empfangen und stellt die für sein Publikum arglose Frage: „Gibt es auch beim jüdischen Volk, das wir ausschließlich in der Opferrolle wahrnehmen, eine dunkle Seite in der neueren Geschichte oder waren die Juden ausschließlich die Opfer, die Leittragenden?“ So hat es Martin Hohmann formuliert, in seiner Ansprache zum deutschen Nationalfeiertag, am 3. Oktober 2003, im hessischen Neuhof. Die Frage ist ihm nicht herausgerutscht. Er hatte sie sich gut zurecht gelegt. Sie diente ihm zu einer gründlich vorbereiteten Abrechnung.

Hohmann zitierte allerlei Literatur, mit der er begründen will, dass *die* Juden verantwortlich sind für die kommunistische Revolution, die folgende Diktatur und den Terror zum Erhalt der Macht. *Die* Juden. Als wollte er die Juden-Sterne wieder einführen. Er hat viel gelesen. Akribisch listet er Zahlen über den Anteil von Juden im Politbüro und im ZK der Bolschewisten 1917 auf, unter den deutschen KP-Führern in den 20er Jahren oder den Austro-Marxisten, nach Hohmann 81 von 137 „und somit 60 Prozent". In jedem Fall, wie er ausführt, weit mehr Juden unter den Kommunisten als es ihrem Anteil in der Bevölkerung entsprochen hätte. Kommunismus, egal ob als Ideal, Politik oder Staatsmacht ist für Hohmann organisiertes Verbrechen. Anti-Kommunismus verknüpft er mit Antisemitismus. Auch das ist nicht originell. Leute wie er wären durchaus in der Lage, eine solche Rechnung auch über die „Kosher Nostra" aufzumachen. Abwegig ist das nicht.

Im Finale seiner Rede gibt Hohmann seine letzten Absichten preis. Systematisch, sehr sorgfältig, führt er uns zu ihnen hin. Jeder soll sie verstehen, nachvollziehen, sich zu eigen machen. Wir hören von ihm, dass Juden, unter anderem, den Mord am russischen Zaren und seiner Familie geplant und durchgeführt haben. Dass sie der Auffassung anhingen: „Zu lügen und zu stehlen, ja auch zu töten für eine Idee, das ist Mut, dazu gehört Größe". Dass sie, ganz selbstverständlich, Kirchen und Klöster plünderten und sakrales Gold als Beute nahmen. Und dann kommt Hohmanns Hammer. Weit hat er ausgeholt:

Mit einer gewissen Berechtigung könnte man im Hinblick auf die Millionen Toten dieser ersten Revolutionsphase nach der „Täterschaft“ *der* (Hervorhebung: M.S.) Juden fragen. Juden waren in großer Anzahl in der Führungsebene als auch bei den Tscheka-Erschießungskommandos aktiv. Daher könnte man Juden mit einiger Berechtigung als „Tätervolk“ bezeichnen.“

„Tätervolk“. -- Hohmann verteilt Schuld neu. Die Deutschen will er freisprechen. Als seien für deren Verbrechen an den Juden nur einzelne nicht aber eine deutsch-nationalsozialistische Massen-Bewegung verantwortlich. Das würde bedeuten: Eigentlich hatten die Deutschen als Volk mit Hitler nichts zu tun. Damit natürlich auch nicht mit Krieg und Verfolgung. Schon stehen die Deutschen als Opfer da, die sich schuldlos schuldig fühlen sollen. Damit soll Schluss sein. Freilich ist dazu eine komplizierte Gehirn-Akrobatik erforderlich. Heribert Prantl bemerkte dazu in der „Süddeutschen Zeitung“: „Die Täter der russischen Geheimpolizei, so sie überhaupt Juden waren, handelten nicht als Juden, sondern als Bolschewiken. Opfer in den Konzentrationslagern waren dieJuden aber als Juden.“ (SZ, 7. Nov. 2003)

Das wollen Antisemiten nicht hören. Täter sind die anderen. Immer. Von dieser Konstruktion ist es nur ein kleiner Schritt bis die wirklichen Opfer zu Tätern gemacht werden. *Die* Juden, „das Tätervolk“, eine Darstellung, entworfen und benutzt von den Nazis, genau so! Wie damals so stellen auch heute Antisemiten die widersprüchlichsten Aussagen nebeneinander. Hauptsache damit können sie Furcht schüren. *Die* Juden – sie haben die Revolution angezettelt und den Bolschewismus über uns gebracht, den Sowjet-Imperialismus, die Teilung Europas, den Export von Revolution und Diktatur – die latente Bedrohung des Weltfriedens. Über Jahrzehnte. Denn der Bolschewismus überlebte ja sogar den Nationalsozialismus. Wir müssen nicht weit zurückdenken. Gleichzeitig klagen Antisemiten die Juden als Agenten des internationalen Finanzkapitals an, in jedem Fall als Weltverschwörer. Das stimmt aus ihrer Sicht immer. Es gilt ihnen sozusagen als zeitlose Wahrheit.

Erst der Bolschewismus, das Werk der Juden, so der erste Strang der populären Verdrehungs-Geschichten, hätte Hitler auf den Plan gebracht. Nationalsozialismus erscheint als Folge des (jüdischen) Bolschewismus. Damit sind die Juden natürlich selbst Schuld an ihrer Verfolgung. Hätten sie den Bolschewismus nicht ins Werk gesetzt, wären die Nazis nie an die Macht gelangt, hätten die Juden nicht vernichten müssen, weil ja keine Bedrohung bestanden hätte. Logisch? Nein. Natürlich nicht, nicht einmal formal logisch. Denn die anderen Hetz-Ideologeme bleiben ja bestehen. Sie werden nur zwischenzeitlich beiseite geschoben, um die Verdrehung der Logik stimmig erscheinen zu lassen. Die Deutschen sind entschuldigt. Wir erinnern uns an die deutsche Historiker Debatte Mitte der 80er Jahre, angeführt von Ernst Nolte. Wie begegnen den selben aberwitzigen Gedanken-Konstruktionen wie damals. Alles schon da gewesen und offenbar immer noch präsent.

Der Fall Hohmann verdient solche Beachtung, weil es sich bei seiner Rede eben nicht um Auslassungen eines armen Irren handelt, eines isolierten Einzeltäters. Die Rede hat ihm zunächst viel Beifall eingebracht, bei seinen Zuhörern. Erst mit Verspätung sorgte sie für Aufregung in den Medien. Darüber wiederum haben sich viele seiner sonst stillen Sympathisanten aufgeregt, in

Anrufen bei Redaktionen und in Leserbriefen. Nach erheblichem Zögern schloss die CDU Hohmann aus der Fraktion aus, eher widerwillig. 195 Abgeordnete stimmten, nach gehöriger Keilerei der Partei-Führung, am 14. November für den Ausschluss, allerdings noch 28 dagegen und 16 enthielten sich der Stimme. Viele einfachen Mitglieder grollten, dass Hohmann abserviert wurde. Nachzulesen war es auf den Internet-Seiten der Partei. Für die CDU-Spitze war es ein taktisches Manöver, um dem plötzlich entstandenen Imageschaden zu begegnen. Ohne den enormen öffentlichen Wirbel, hätte sie sich von dem allseits als nett und freundlich geschätzten „Kollegen“ nicht getrennt.

Doch das Wort ist raus. „Tätervolk“. Ein Volk wie eine kriminelle Vereinigung. Das ist doch, unterschwellig, die eigentliche Botschaft. Organisiertes Verbrechen. Wie die Tschekisten oder andere Terrorgruppen. Wie die Mafia. Kosher Nostra eben. Oder?

In Österreich gibt es vermutlich nicht weniger Hohmänner als in Deutschland. Hilft eine Ausstellung, wie wir sie hier zu sehen bekommen, den vielen tausend grau-unauffälligen Klonen und deren anti-semitischen Attacken? Auf keinen Fall. Ihnen ist nicht zu helfen. Im doppelten Sinne. Henryk M. Broder argumentierte kürzlich im „Spiegel", es sei vergebliche Liebesmüh, antisemitischen Vorurteilen zu begegnen. (Der Spiegel, 46/10.11.03) Antisemiten wollen ihre Weltanschauung nicht los werden. Sie sind aufklärungs-resistent. Sie suchen nur nach „Informationen", die ihre Auffassung bestätigen. Wir können sie nicht beeinflussen. Weder durch das, was wir tun oder sagen, noch durch das, was wir nicht tun oder sagen. Die Frage „cui bono?" ist, wenn es um unsere Themen geht, unangebracht. Wer sie sich stellt, macht sich eher selbst zum Opfer, indem er sich vorab vor vermuteten Tätern duckt. Wir würden uns, aus Angst ihnen Munition zu liefern, - die sie ohnehin haben -, nur in unseren Denken beschränken, in unserem Geist, unserer Kultur, unserer Kreativität, im Nachdenken über Geschichte, in der Verständigung untereinander.

„Kosher Nostra" ist eine Konfrontation mit dem Bösen. Das Böse ist für die Kunst von immenser Bedeutung. Es gehört zum Leben. Wir dürfen das nicht unterschätzen. Es ist ein Irrtum, darauf weist Rüdiger Safranski hin, dass die Kunst mit der Idee des Guten verbunden sei. „Sie ist gut", so heißt es (übrigens bei Hegel, M.S.), „weil sie das Kunstwerk fertig bringt, die Schönheit wahr und die Wahrheit schön erscheinen zu lassen." (*R. Safranski: Das Böse oder Das Drama der Freiheit, München 1997, S. 232*) Es ist aber nicht die Aufgabe der Kunst, Schlechtes zu verhindern oder Gutes zu bewirken. Kunst, so Adorno, kann nur wahr werden, wenn sie sich vorbehaltlos in ihre eigene Logik vertieft. Sie muss sich selbst Zweck bleiben, nicht fremden Zwecken, auch wenn sie noch so moralisch aufgewertet daher kommen, unterwerfen. Sie darf nicht nützlich sein wollen, wenn sie sich selbst treu, also Kunst bleiben soll.

„Kunst", so nochmals Safranski, „treibt die Genüsse, aber auch die Fraglichkeiten des Daseins auf die Spitze. Sie erlaubt eine Dissidenz im Fundamentalen. ...Zur ekstatischen Natur der Kunst gehört, dass sie den Weltbildern und Überzeugungen, mit denen man sich in der Welt einrichtet, mit ironischem, manchmal auch zynischem Vorbehalt begegnet.“ (*ebd. S.241*) Sie darf übertreiben und unterminieren

Kunst kann Verständnis fördern. Neue Einsichten mögen nicht immer neues Glück bedeuten. Wir können Schreckliches über uns und die Welt lernen. Erkenntnis trägt nicht den Zweck in sich, Glücksgewinn zu fördern. Auch das wäre ein Irrtum. Verständnis hilft der Verständigung und der Fähigkeit, sich in der Welt zurecht zu finden. Das heißt auch, sich abzufinden mit den Menschen, wie sie sind, Menschen, in denen, wie Freud es beschrieb, „böse Gelüste“ schlummern, fähig zu Grausamkeit, Tücke und Verrat. Er meinte damit Menschen als Gattungswesen, unabhängig von Nationalität, Religion oder Vereins-Zugehörigkeit.

Verständigung hat zunächst mit Tatsachen zu tun. Oz Almog stellt uns eine Menge zu Verfügung: Lebensläufe. Er ist ein gründlicher Chronist. Er hat zahlreiche Biografien erforscht, beschrieben, dargestellt, dokumentiert. Wir lernen, dass jüdische Gangster den italienischen, die ja in aller Welt große Bewunderung erfahren, besonders wenn sie zur Mafia oder zur Cosa Nostra gehören, durchaus ebenbürtig waren. Mit einem Unterschied: „Die Italiener errichteten ihre Dynastien, die jüdischen Bosse begründeten ihre Imperien.“ Die jüdischen Gangster versuchten, eine materielle Basis für ein legales Dasein ihrer Nachkommen zu schaffen. Sie waren Familien-Menschen.

Aber sie waren keine Edelmänner. Deswegen beschäftigen wir uns ja mit ihnen. Denn das Böse fasziniert uns. Wir hören gern – kann es sein? – von Mord und Totschlag. Wir wollen, dass es uns gruselt. Dann und wann zumindest. Vielleicht meinen wir, so den Tod von uns abzulenken. Er ist mit anderen beschäftigt. Vielleicht hat das Interesse an Mord und Totschlag, wie an Unglücken und Katastrophen, aber auch mit einem Todestrieb in uns zu tun. Gruselige Geschichten lassen uns in Abgründe schauen. Von den eigenen können sie auch ablenken. So oder so. Oz Almog bedient jedenfalls ein tiefsitzendes Bedürfnis.

Einer der ersten großen jüdischen Gangster, lernen wir von ihm, war Edward „Monk Eastman“ Osterman, geboren 1873, ein ehemaliger Boxer, der eine Straßengang von mindestens tausend Mann beherrschte und als einer der erste auf die Idee kam, Polizisten zu bestechen. Solches Schmieren erwies sich als sehr wirkungsvoll. Heute wissen wir, dass es zur gängigen Gangster-Politik gehört. Osterman ein Pionier. Er teilte gern selbst aus. Seine Schlagringe, so die Legende, legte er nur ab, wenn er seine Prostituierte schlug. In seinen Schlagstock macht er für jedes Opfer eine Kerbe. Einmal ermordete er einen unbeteiligten Passanten, um die 50. Markierung zu bekommen. Sinnlose Gewalt?

„Big Jack“ Zelig, 1988 geboren als Harry Zelig Lefkowitz, führte eine Bande, die ihr Geld mit Anschlägen und Auftragsmorden verdiente. Zu günstigen Tarifen. Durchaus als ehrenwerte Gesellschaft. Für einen Schuss ins Bein verlangten „Big Jack“ und seine Leute zwischen 1 und 25 Dollar. Ein Mord kostete zwischen 10 und 100 Dollar. Je nach dem wie kompliziert und wie risikoreich der Auftrag war.

Oz Almogs Geschichte der jüdischen Gangster stellt uns zahlreiche skurile Figuren vor, die über die dahin fließenden Jahrzehnte die seltsamsten Karrieren machten. Ein boulevardeskes Panoptikum. Wir werden schaurig unterhalten. Zum Beispiel durch Erzählungen über Israel „Ice Pick Willie“ Alderman, der seine Opfer so geschickt mit einem Eispickel ermordete, dass nur sehr erfahrene Pathologen die wahre Todesursache herausfinden konnten. „Ice Pick Willie“ trieb das Werkzeug ins Ohr, so dass der Tod durch eine Hirnblutung erfolgte.

Der prominenteste Gangster, dem wir begegnen, in den Texten und auf der Leinwand, war wohl Mayer Lansky, „einer der ersten, die das weißwaschen von illegal erworbenem Vermögen in legalen Betrieben praktizierte“. Er wurde die große Nummer des Syndikats, der eigentliche Pate, oder business like formuliert, der Chef im „Aufsichtsrat“ des organisierten Verbrechens in Amerika. Mayer Lansky bezeichnete diese Institution als dritte Kraft in den USA, neben Demokraten und Republikanern. Ein mover and shaker, ein Drahtzieher in der Tat.

All diese Persönlichkeiten hat Oz Almog portraitiert. Portraits konfrontieren uns besonders mit der Frage: Was ist das wirklich für ein Mensch, dem wir gegenüber stehen. Wir schauen ihm ins Gesicht und suchen nach Ausdrücken seines Wesens, nach Einlass zu seinem wahren Ich. Wir wollen uns nicht mit der äußeren Erscheinung zufrieden geben. Wir suchen nach Regungen, Empfindungen, Motiven, dem unverstellten Charakter.

In dieser Ausstellung sehen wir rund 140 Portraits von über 80 Menschen. Wir wissen von allen von vorneherein: Sie waren Schwerverbrecher. Angesichts mancher Bilder könnten wir es auch so ahnen. Sie sind nach Vorlagen von Polizei-Fotos gemalt. In typischer Position. Die Gesichter frontal und im Profil. Andere Bilder, gemalt nach eben der Vorlage, die dem Maler zur Verfügung stand, erinnern an Portraits, die sich eine Familie ins Wohnzimmer hängt, um einen aus ihrer Mitte, tot oder lebendig, besonders zu ehren. Vielleicht könnten auch wir uns so von Oz Almog malen lassen. Tatsächlich kenne ich Leute, die das gemacht haben. Wiederum andere Portraits erscheinen wie Schnapp-Schüsse. Momentaufnahmen, zu denen uns die Situation fehlt in der sie entstanden sind, die wir aber gerne entschlüsseln würden. Wir bleiben auf unsere Phantasie angewiesen. Aber das ist ja was. Unsere Phantasie anzuregen. Das ist mehr als Unterhaltung. Wir sind angehalten, darüber nachzudenken, was uns bei der Betrachtung in den Sinn kommt. Und was das womöglich über uns selbst sagt.

Wir sehen traurige, verschreckte, nachdenkliche, verdutzte, verschlagene, skeptische, optimistische, niedergeschlagene, siegesgewisse, intelligente, dümmliche, gutmütige und kaltblütige Gesichter. Sie geben uns Rätsel auf. Wir suchen nach dem Bösen. Es ist nicht zu sehen. Wir wissen, dass es da sein muss. Bei all diesen Männern. Wir können ihre Biografien nachlesen. Oz Almog hat gründlich recherchiert. Wir müssen irritiert sein. Wenn das Böse nicht zu sehen ist, waren diese Menschen nicht nur böse? Ist das Böse nur ein Teil von ihnen. So wie das Gute auch nur ein Teil von uns ist? Ist das Böse auch ein Teil von uns? Freud legt das nahe. Wenn auch nicht in einem praktischen Ausmaß, das jeden von uns in den Rang der ihr dargestellten Persönlichkeiten heben würde. Die Betrachtung von Portraits lädt ein zu einer Reise in innere Welten, die sonst nicht oder nur sehr schwer zugänglich sind. Sie verführt uns, in Schatten-Welten einzutauchen. Unseren eigenen Schatten zu begegnen, hinter der Persona, die wir öffentlich darstellen. Womöglich entsprechen sie vielmehr unserem Selbst als der Person, die wir von uns entworfen haben. Deshalb Vorsicht, wenn Sie sich von Oz Almog portraitieren lassen wollten. Es könnte ein ganz anderes Bild von Ihnen dabei entstehen, als Sie es sich wünschen. Der Maler Almog kann nämlich, was wir ihm bei der Betrachtung seiner Bilder nachmachen wollen, durch die Fassade schauen und dadurch das Äußere eher so erscheinen lassen wie es dem Inneren entspricht. Portraits reizen zur Reflexion und laden somit ein zu einer Entdeckung des (eigenen) Unbewussten.

Die Ausstellung mag aufregen. Was kann einem Künstler besseres passieren. Genauso müssen wir freilich fragen: Was kann uns besseres passieren. Kunst, die aufrüttelt, die nicht einfach gefällt, den jeweiligen Moden angepasst, ist subversiv. Sie verlangt von uns einige Anstrengung, das Nach-Denken. Sie führt uns zu Einsichten, die wir ohne sie nicht hätten, über die

Welt und über uns. Sie dient nicht, wie eine Show, der reinen Unterhaltung, wiewohl sie auch unterhält, sondern der Reflexion und damit der Kommunikation. Sie ist somit im besten Sinne ein gesellschaftliches Ereignis. Über eine Einladung dazu sollten wir uns alle freuen.

TOD IN AMERIKA
CHRONOLOGIE

Die Namen von Beteiligten jüdischer Abstammung erscheinen

bei erstmaliger Erwähnung pro Ereignis im Fettdruck

Electric Chair, Sing Sing Prison, N.Y.

6. August 1890

William Kemmler wird wegen des Mordes an seiner Geliebten **Tillie Ziegler** zum Tode verurteilt. Kemmler ist der erste Delinquent (Todeskandidat) seit der Einführung des neuen Gesetzes (der Todesstrafe).

Kemmlers Anwälte gehen unter Hinweis auf die achte und 14. Gesetzesnovelle der Verfassung, wonach „grausame und ungewöhnliche Bestrafung" verboten ist, in Berufung. Doch die Berufung wird am 9. Oktober 1889 abgewiesen und die Exekution für den 6. August 1890 festgesetzt. Die Hinrichtung findet in der Anwesenheit von 25 Zeugen statt, darunter 14 Ärzte. Kemmler wird in die Hinrichtungszelle im Keller des Auburn-Gefängnisses geführt und den Zeugen vorgestellt, bevor er seinen Mantel auszieht und sich selbst auf den elektrischen Stuhl setzt.

Die Kopf- und Rückenelektroden bestehen jeweils aus Holzschalen mit zehn Zentimeter Durchmesser, welche siebeneinhalb Zentimeter messende Metallplatten enthalten. Diese sind mit einer in Lauge getränkten Schwammschicht überzogen, um die Leitfähigkeit zu erhöhen. Kemmler wird mit Lederriemen an Armen, Beinen und um die Taille am Stuhl festgezurrt. Anschließend wird Kemmler das lederne Gurtzeug, in dem die Kopf- und Rückgrat-Elektroden angebracht sind, angelegt sowie eine schwarze Kapuze über den Kopf gezogen. Auf das Zeichen des Aufsehers, Charles Durston, bedient der Henker Edwin Davis den Schalter. Kemmler erstarrt sofort.

Für 17 Sekunden bleibt Kemmlers Körper reglos unter Strom. Nachdem der Strom abgedreht wird, scheint sich der Körper zu entspannen. Kemmler wird für tot erklärt, bis nach etwa einer halben Minute die Brust des vermeintlich Toten von Krämpfen geschüttelt wird. Daraufhin erteilt der Aufseher den Befehl zu einer weiteren Stromladung, die für etwa 70 Sekunden durch Kemmlers Körper gejagt wird, bis schließlich Dampf und Rauch von der am Rückgrat angebrachten Elektrode aufsteigt. Es verbreitet sich der Geruch von verbranntem Fleisch.

Abermals wird der Strom abgeschaltet und der reglose Körper untersucht – der Tod ist zweifelsfrei eingetreten. Nicht alle der Anwesenden sind von der neuen, „menschlichen" Hinrichtungsart" überzeugt. In einem Interview mit der „New York Times" gesteht ein Experte, dass die Hinrichtung „ein fürchterlicher Pfusch“ war und Kemmler im wahrsten Sinne zu Tode geröstet wurde.

Der elektrische Stuhl wurde 1890 vom Staat New York als eine „moderne“ und humane Alternative zum Tod durch den Strick betrachtet. Schnell wurde der elektrische Stuhl zur bevorzugten Hinrichtungsart aller Bundesstaaten, die an der Todesstrafe festhielten. Der zweite Bundesstaat, der den elektrischen Stuhl einführte, war im Jahr 1896 Ohio. Ein Jahr darauf war der erst 17jährige William Hass der erste Delinquent in Ohio, der auf dem elektrischen Stuhl hingerichtet wurde. Auch Massachusetts (1889), New Jersey (1906), Virginia (1908) und North Carolina (1910) führten den elektrischen Stuhl ein.

4.308 Menschen wurden in 27 Bundesstaaten zwischen 1890 und 1966 auf dem elektrischen Stuhl hingerichtet. Die meisten Todesstrafen wurden wegen Mordes verhängt, 600 allein im berüchtigten New Yorker Gefängnis Sing Sing, das somit als die US-Haftanstalt mit den meisten Hinrichtungen firmiert. 458 Männer wurden wegen Vergewaltigung auf dem elektrischen Stuhl hingerichtet. Beim Ehepaar **Rosenberg** wurde die Todesstrafe wegen Landesverrats verhängt. Am 8. August 1942 wurden in Washington, DC sechs Menschen wegen Sabotageakten zu Kriegszeiten hingerichtet. Bis 2002 wurden weitere 148 Männer und zwei Frauen nach der Wiedereinführung der Todesstrafe im Jahre 1977 wegen Mordes auf dem elektrischen Stuhl hingerichtet.

Somit starben bis heute in den Vereinigten Staaten 4.434 Männer und 24 Frauen auf dem elektrischen Stuhl. Der Bundesstaat Alabama hat in der Post-Furman-Ära die meisten Todesurteile ausgesprochen und Stromhinrichtungen durchgeführt, davon vier im Jahr 2000. Im Jahr 2001 gab es in den USA keine Hinrichtungen auf dem Elektrischen Stuhl. Im selben Jahr wurde in Ohio und Georgia der elektrische Stuhl überhaupt abgeschafft. In Alabama starb 2002 ein Delinquent auf dem elektrischen Stuhl.

Nachdem es im Jahr 1887 mehr als 15 Minuten gedauert hatte, bis bei der Mörderin Roxalana Druse der Tod durch den Strick eintrat, plädierte der New Yorker Gouverneur David B. Hill für eine neue, akzeptablere Form der Hinrichtung. Hill berief 1886 ein Komitee ein, welches neue mögliche Hinrichtungsmethoden untersuchen sollte. Zu dieser Zeit bestand in den USA ein generelles Interesse an Experimenten mit Elektrizität. Somit waren die Voraussetzungen für die „fortschrittliche und wissenschaftliche“ Methode der Hinrichtung durch Stromschläge rasch gegeben.

Der erste elektrische Stuhl wurde in den Jahren 1888/89 entwickelt und gebaut. Abgesehen von der ursprünglichen Intention, eine humanere Hinrichtungsmethode zu entwickeln, gab es aber noch einen zweiten interessanten Grund für die Einführung des elektrischen Stuhls.

In den achtziger Jahren des 19. Jahrhunderts entbrannte der Kampf um die neue Form der Energiegewinnung durch wahlweise Gleichstrom oder Wechselstrom. Technisch und wirtschaftlich war George Westinghouses Wechselstrommethode dem Gleichstrommodell von Thomas Edison überlegen. Wechselstrom wurde weltweit schnell zum Standard der Elektrizitätsübertragung. Edison versuchte die verantwortlichen Behörden anfangs noch davon zu überzeugen, dass das Wechselstromverfahren seines Konkurrenten Westinghouse unsicher sei, und war hocherfreut, als der Staat New York den elektrischen Stuhl einführte, der mit Gleichstrom betrieben wurde. Der elektrische Stuhl wurde zu unterschiedlichen Zeiten von insgesamt 19 US-Bundesstaaten sowie von den Philippinen als einzigem Staat neben den USA verwendet.

Am 4. Juni 1888 verabschiedete der Staat New York ein Gesetz, wonach Hinrichtungen „durch elektrischen Strom von ausreichender Intensität, bis der Tod eintritt“ durchzuführen sind. Angewandt wurde die Hinrichtungsart bei allen Delinquenten, die nach dem 1. Januar 1889 zum Tode verurteilt wurden. Beim Inkrafttreten der Strafgesetznovelle gab es allerdings ein Problem. Der Staat New York war noch nicht in Besitz eines elektrischen Stuhls. Somit wurde ein Elektriker namens Harold Brown mit dem Bau von jeweils einem Stuhl für die New Yorker Haftanstalten Auburn, Sing Sing und Clinton beauftragt – gemessen an durchschnittlich acht Hinrichtungen pro Jahr in diesem Bundesstaat eine überreichliche Ausstattung.

Brown entschied sich bei der Anfertigung des elektrischen Stuhls für Gleichstrom und erntete damit den Missfallen von George Westinghouse, der sich als Wissenschafter im Dienste der Menschheit sah und bestrebt war, Wechselstrom als sichere Form der Energieversorgung in Haushalten zu vermarkten.

Brown erhielt daher keinerlei Unterstützung von Westinghouse und musste mit gebrauchten Generatoren das Auslangen finden. Angefertigt wurden die Stühle aus massivem Eichenholz mit zwei Elektroden, eine für den Kopf und eine für den unteren Teil des Rückgrats des Delinquenten.

Die erste Frau, die auf dem elektrischen Stuhl hingerichtet wurde, war am 20. März 1899 Martha Place. Die Exekution der wegen Mordes an ihrer Stieftochter Verurteilten fand in Sing Sing statt. Laut eines Berichts in der Nationalen Polizeigazette umklammerte sie auf dem Weg in die Todeszelle eine Bibel. „Mit geschlossenen Augen, in einem schwarzen Kleid mit Zierrüschen am Ausschnitt, an den Füßen Pantoffeln." Ihr Haupt wurde an einer Stelle kahlgeschoren, um die Elektrode anbringen zu können. Eine weitere Elektrode wurde an einem Bein befestigt. 1.760 Volt wurden durch ihren Körper geschickt. Der Polizeibericht sprach von einer „in jeder Hinsicht erfolgreichen Hinrichtung". Den Tod bei einer hingerichteten Frau hatte eine weibliche Ärztin festzustellen. Im 20. Jahrhundert wurden in den USA insgesamt 23 Frauen auf dem elektrischen Stuhl hingerichtet, im 21. Jahrhundert fand eine Frau den Tod auf dem Stuhl. Die Hinrichtung der 33jährigen Ruth Snyder am 12. Januar 1928 wurde in einer berühmten Fotografie festgehalten. Ein Fotograf der New Yorker Daily News hielt den Augenblick ihres Todes mit einer versteckten 16mm-Einbildkamera fest, die er an seinem Knöchel fixiert hatte und von einem Auslöser in seiner Jackentasche bedient wurde. Ruth Snyder wurde wegen des Mordes an ihrem Ehemann verurteilt.

Die erste Frau, die nach der Wiedereinführung der Todesstrafe 1977 auf dem Stuhl hingerichtet wurde, war Judi Beunoano. Die Exekution der vierfachen Mörderin – von der Presse als „Die Schwarze Witwe" tituliert – dauerte am 30.März 1998 ganze 12 Minuten. Lynda Lyon Block wurde am 10. Mai 2002 in Alabama auf den elektrischen Stuhl geführt, nachdem sie am 4. Oktober 1993 in Opelika einen Polizisten erschossen hatte.

Lynda Lyon Block könnte die letzte gewesen sein, die auf dem Stuhl ums Leben kam. Mit größter Wahrscheinlichkeit war sie die letzte Frau, die dieses Schicksal ereilte. Ihre Hinrichtung wurde wie folgt beschrieben: Gekleidet in einer weißen Gefängnisuniform und mit rasiertem Kopf, der von einer schwarzen Kapuze bedeckt war, wurde sie in den Exekutionsraum des „Holman

Correctional Facility“-Gefängnisses in Atmore, Alabama geführt. Sie hatte leichtes Make-up und Mascara aufgelegt und trug hellrosafarbenen Lippenstift. Augenzeugen berichten, dass sie um 11.52 Uhr mit geschlossenen Augen betend in der Todeszelle stand. Auf letzte Worte verzichtete Lynda Block. Die Hinrichtung wurde mit einem 2.050-Volt-Stromstoß begonnen, der einen 20sekündigen Schockzustand bei der Delinquentin verursachte. Ihre Hände verkrampften sich zu Fäusten, der ganze Körper stand unter Spannung, und Dampf stieg vom Stirnband und von ihrem linken Bein, wo die Elektroden angebracht waren, auf. In weiterer Folge wurden 250 Volt für insgesamt 100 Sekunden durch ihren Körper geschickt. Die Hinrichtung dauerte zwei Minuten. Auf letzte Worte verzichtete Lynda Bock.

Seit der Wiedereinführung der Todesstrafe in den USA im Jahre 1977 durch den obersten Gerichtshof fanden bis einschließlich 2002 insgesamt 148 Männer und zwei Frauen den Tod auf dem elektrischen Stuhl. Damit ist der elektrische Stuhl die zweithäufigste Hinrichtungsart nach der Todesspritze. Bis heute ist der Stuhl in sechs Bundesstaaten – Alabama, Florida, Georgia, Kentucky, Nebraska und Tennessee – eine legale

Methode, Verurteilte hinzurichten. In Nebraska ist der Tod auf dem elektrischen Stuhl die einzige rechtsverbindliche Form der Hinrichtung. Am 26.April 2002 verabschiedete der Bundesstaat Alabama unter dem Gouverneur Don Siegelman ein Gesetz, wonach für ab dem 1. Juli 2002 Verurteilte die Todesspritze als Hinrichtungsart zu bevorzugen ist, es sei denn, der Delinquent entscheidet sich aus freien Stücken für den elektrischen Stuhl. In Alabama wurde die erste Hinrichtung auf dem elektrischen Stuhl im neuen Jahrtausend durchgeführt. Am 7. Jänner 2000 wurde David Ray Duren wegen Raubmordes an einem jungen Mädchen hingerichtet. Das letzte Mal wurde der Stuhl, in Alabama auch „Yellow Momma" genannt, bei der Hinrichtung von Lynda Lyon Block am 10. Mai 2002 in Betrieb genommen.

Der Bundesstatt Georgia schaffte den elektrischen Stuhl im Oktober 2001 ab. Nachdem seit 1924 in Georgia der Tod durch den Strang nicht mehr die gesetzmäßige Hinrichtungsart war, fanden insgesamt 441 Menschen den Tod auf dem Stuhl. In Kentucky wurde seit 1977 ein Mensch auf dem Stuhl hingerichtet, in Nebraska zwei. In Tennessee wurde seit der Wiedereinführung der Todesstrafe niemand hingerichtet, obwohl dort mehrere

Häftlinge in der Todeszelle sitzen. Darunter auch Christa Gail Pike, die mit 19 Jahren (zum Zeitpunkt ihres Verbrechens) die jüngste Todeskandidatin in der Justizgeschichte der USA ist.

Am 6. Januar 2000 verabschiedete der Bundesstaat Florida nach einer 102:5-Abstimmung, eine Novelle, nach der es den Todeskandidaten frei steht, ob sie durch eine Injektion oder auf dem elektrischen Stuhl hingerichtet werden. Bislang entschieden sich alle Todeskandidaten für die Injektion.

Im Jahre 2001 kam es zu keiner einzigen Hinrichtung auf dem Stuhl, obwohl der in Ohio Verurteilte John Byrd sich für den Stuhl entschieden hatte, um, wie er sagte, gegen die grundsätzliche Grausamkeit der Todesstrafe zu protestieren. Byrds Hinrichtung wurde verschoben. Inzwischen ist in Ohio nur mehr die Todesspritze als Hinrichtungsart erlaubt. Der Oberste Gerichtshof von Georgia hat mit 5. Oktober 2001 den Gebrauch eines elektrischen Stuhls als Hinrichtungsinstrument untersagt mit der Begründung: „..weil die körperliche Gewalt nicht zu rechtfertigten ist und es zu unnötigen Verstümmelungen führt, die keinen messbaren Beitrag zur Akzeptanz der Bestrafungsabsicht mit sich führen."

Nachdem der zum Tode Verurteilte in die Todeszelle gebracht wurde, wird er mit Lederriemen um die Brust, die Taille, die Beine und Arme am Stuhl festgeschnallt. Zwei Kupferelektroden werden sodann angebracht. Eine auf einem Bein, die andere ist im Helm untergebracht, der dem Verurteilten aufgesetzt wird. Um die Leitfähigkeit des Stroms zu gewährleisten, wird dem Verurteilten das Bein teilweise und das Haupthaar ganz rasiert. Um die Leitfähigkeit zusätzlich zu erhöhen und die Entflammbarkeit gleichzeitig zu minimieren, werden die Elektroden entweder in Lauge getränkt oder mit einem Gel (Elektro-Creme) behandelt. Danach wird dem Verurteilten eine Ledergesichtsmaske oder ein schwarzes Tuch übergezogen. Sowohl Männern als auch Frauen wird eine Windelhose angezogen.

Der Henker betätigt einen Schalter, um den ersten Stromschlag zwischen 1.700 und 2.400 Volt zu verabreichen. Automatisch wird der Strom nach 30 Sekunden oder bis zu maximal einer Minute wieder abgeschaltet. Der verwendete Strom muss einen Wert unter sechs Ampère aufweisen, um zu gewährleisten, dass der Körper nicht zu kochen beginnt. Für gewöhnlich steigt an den Stellen, an denen die Elektroden mit der Haut in Berührung kommen, Rauch auf. Sollte der anwesende Mediziner den Tod nach der ersten Stromzufuhr noch nicht feststellen können, wird der Verurteilte im Stuhl ein weiteres Mal unter Schock gestellt (in manchen Staaten erfolgt die zweite Stromzufuhr automatisch). Falls nötig, wird ein dritter und vierter Schock verabreicht (es benötigte insgesamt fünf Stöße, um Ethel Rosenberg zu töten). Im Durchschnitt dauert die Prozedur zwei Minuten und 10 Sekunden, wobei für gewöhnlich nach dem zweiten Stromschlag der Tod eintritt.

Der erste durch den Stromschlag verursachte Schock dauert bis zu einer Minute und zerstört das Gehirn und das zentrale Nervensystem. Ebenso verursacht der Stromstoß eine Lähmung, die durch die Kontraktion sämtlicher Muskeln während des Stromflusses hervorgerufen wird. Herzschlag und Atmung werden dadurch unterbrochen. Durch den zweiten Schock soll ein Wiedereinsetzen des Herzschlags verhindert werden. In 1/240 Sekunden soll der Verurteilte sein Bewusstsein verlieren. Nach dem Stromschlag steigt die Körpertemperatur auf ungefähr 138 ° F an, was ein Anfassen des Körpers unmöglich macht. Durch die Erhitzung werden das Körpereiweiß zerstört und die Organe

„gebacken". Die körperlichen Reaktionen sind eine Anhebung des Brustkorbs, schweres Röcheln, Schaumbildung vor dem Mund. Weiters beginnen Haare und Haut zu brennen, der Verurteile schwitzt Blut und beginnt zu urinieren und zu koten. Bevor die Autopsie durchgeführt werden kann, muss der Leichnam erst deutlich abkühlen.

Nach den Aussagen von Robert H. Kirschner, des stellvertretenden Leiters medizinischer Untersuchungen in Cook County, Illinois, „befindet sich das Gehirn in den meisten Fällen in einem gekochten Zustand." Laut Judge Brennan kommt es manchmal auch zu einem Austritt der Augäpfel, die in Folge an den Wangenknochen baumeln. Der Verurteilte scheidet oft Fäkalien aus und erbricht Blut. Der Körper nimmt mit zunehmender Temperatur deutlich rote Farbe an. Es kommt zu einem Anschwellen des Fleisches, und die Haut spannt sich bis zum Zerreißen. In manchen Fällen fängt der Verurteilte regelrecht Feuer, vor allem wenn es zu starker Transpiration kommt. Augenzeugen berichten von einem lauten und anhaltenden Geräusch, das unwillkürlich an Frittieren in der Küche erinnert. Der Geruch von brennendem Fleisch erfüllt die Todeszelle.

Es wurde oft darüber debattiert, was der Verurteilte noch bewusst miterlebt, bevor der Tod eintritt. Viele Mediziner gehen davon aus, dass sich das Gefühl, am lebendigen Leibe zu verbrennen und gleichzeitig zu ersticken, einstellt, da der Schock eine Lähmung der Atmung sowie Herzstillstand verursacht. Laut Harold Hillman „dürfte sich die Wahrnehmung mit der mittelalterlichen Folter, in kochendes Öl geworfen zu werden, vergleichen lassen.

Weil die Schockenergie die Muskeln des Verurteilten lähmt, ist es dem Verurteilten nicht möglich zu schreien. „Mein Mund schmeckte wie kalte Erdnussbutter. Ich spürte ein Brennen in meinem Kopf und in meinem linken Bein, und ich warf mich gegen meine Gurte“, berichtete 1946 der erst 17jährige Willie Francis, der seine Exekution überlebte. Ein Jahr später wurde er „erfolgreich“ hingerichtet.

Zwar kann es zweifelsfrei bei jeder Hinrichtungsart zu Pannen kommen, aber mit dem elektrischen Stuhl geschehen sie nicht nur regelmäßig, sondern haben zumeist auch dramatische Auswirkungen. Der Hauptgrund dafür liegt in der oftmals mangelnden Wartung der alten Geräte.

Zumindest in fünf Fällen seit 1983 kam es zu schweren Pannen. Zu einem ganz besonders schwerwiegenden Zwischenfall kam es am 4. Mai 1990 bei der Hinrichtung von Jesse Joseph Tafero in Florida. Laut Augenzeugenberichten schossen Flammen aus Taferos Kopf empor, der von einer Maske und einer Kappe bedeckt war. 30 Zentimeter hohe blaue und orangefarbene Flammen loderten auf beiden Seiten der Maske empor. Nachdem der Strom gedrosselt worden war, begann Tafero schwer zu atmen. Der Aufseher gab die Anweisung, den Strom gänzlich abzustellen und danach mit neuen Versuchen zu starten. Eine nachträgliche Überprüfung des Geräts ergab, dass es zu Schmelzung und Trennung der Kopfelektrode kam, weil diese von einer kalten Lötstelle zusammengehalten wurde. Auf diese Weise wurde der Verurteilte Tafero zu Tode gefoltert, weil der Bundesstaat Florida es verabsäumt hatte, Wartungsarbeiten an der Hinrichtungsapparatur vorzunehmen. Dem medizinischen Direktor des Gefängnisses, Frank Kligo, fiel dazu folgende Bemerkung ein: „Es war alles andere als ästhetisch.“ Fotos von Taferos Leichnam zeigen fürchterliche Verbrennungen der Kopfhaut.

Ein weiterer entsetzlicher Zwischenfall in Florida trug sich am 25. März 1997 bei der Hinrichtung von Pedro Medina zu. Augenzeugen sahen eine blau-orange Flamme von 15-20 Zentimeter Länge aus dem Helm schießen. Nach etwa zehn Sekunden machte sich in der Todeszelle der Geruch von verbranntem Fleisch und ein ätzender Rauch breit. Die Gefäng nisverantwortlichen stellten die Korrodierung des Messings im Inneren des Helmes als Ursache fest.

Michael Morse und Jay Wiechart, die beide Erfahrung mit der Konstruktion und Handhabung von elektrischen Stühlen haben, machten jedoch die Verwendung eines trockenen Schwammgummis in Verbindung mit einem nassen Schwamm im Helminneren für die Fehlfunktion verantwortlich. Der Verwendung des elektrischen Stuhls wurde in Florida in einigen Gerichtsverfahren, initiiert durch die Protest des Todeskandidaten Leo Jones, verhandelt. Jones bezeichnete die Hinrichtungsart als „grausame und unnatürliche“ Art der Bestrafung, was in der Verfassung der Vereinigten Staaten als inakzeptabel verurteilt wird. Trotzdem ergab eine Anhörung des Obersten Gerichtshofs von Florida, dass es sich bei der Verwendung des elektrischen

Stuhls nicht um eine grausame oder unnatürliche Art der Bestrafung handelt. Drei der vier Richter sprachen sich am 21. Oktober 1997 für somit für die Beibehaltung der Hinrichtungsart in ihrem Bundesstaat aus.

Und eine weitere Hinrichtung auf dem Stuhl in Florida scheint seither verpfuscht worden zu sein. Als der wegen Mordes verurteilte Allen Lee „Tiny“ Davis am 9. Juli 1999 auf den Stuhl geschnallt wurde, quoll Blut aus der Nase und dem Mund des Delinquenten. 2.300 Volt wurden am frühen Morgen um 7.10 Uhr durch seinen Körper gejagt. Den Beweis für das Austreten von Blut legen die offiziellen Fotos der Hinrichtung dar – Fotos, deren Anblick schwachen Gemütern nicht empfohlen wird. Als Davis nach fünf Minuten für tot erklärt wurde, war Blut an seinem weißen Hemdkragen zu sehen, und der Blutfleck auf seiner Brust war tellergroß. Das Blut sickerte sogar durch die Ösen des Ledergürtels, mit dem Davis an den Stuhl geschnallt war. „Nichts ist schiefgelaufen“, meinte nichtsdestotrotz Cory Tilley, ein Sprecher des Gouverneurs Jeb Bush, „der Stuhl hat so funktioniert wie es vorgesehen ist, und wir sind froh, dass es geklappt hat.“ Der Sprecher versicherte auch, dass es entgegen der Behauptungen mancher Zeugen kein Blut aus dem Mund oder auf der Brust zu sehen war.

„Die einzige Stelle, an der der Delinquent blutete, war die Nase. Er hatte Nasenbluten. Den Grund dafür wird die Autopsie ergeben“, lautete die offizielle Erklärung. Als möglicher Grund wurde vorab der hohe Blutdruck des Hingerichteten genannt.

Doch auf den Fotos der Hinrichtung waren laut Dr. Donald Price, einem Neurophysiologen, deutliche Anzeichen für die Schmerzen des Delinquenten zu erkennen. Price verwies auf die halb geschlossenen Augen, seine verzogene Nase und Quetschungen im Gesicht. Ein Physiker und Spezialist für Stromschläge bestätigte, dass es durchaus möglich ist, nach der Stromzufuhr noch 15 bis 30 Sekunden weiterzuleben. „Nach meiner Meinung tritt der Tod nicht sofort ein, es kann bis zu einigen Minuten dauern“, sagt auch Dr. John Wikswo von der Vanderbilt University in Nashville, Tennessee. Der offizielle Autopsiebericht gab schließlich an, dass Davis „einige prädisponierende Risikofaktoren“ für Nasenbluten aufwies. Wegen seiner Arthritis und seines Bluthochdrucks war er zur Einnahme von blutverdünnenden Medikamenten gezwungen.

Erst 1998 wurde in Florida ein neuer Eichenstuhl angefertigt, der den Originalstuhl aus dem Jahre 1923 ersetzt hat. Anwälte, die sich für Allen Lee Davis einsetzten, behaupten, dass Dokumente der Vollzugsbehörde des Staates Florida belegen, dass der verwendete Stuhl mit „obsoleten Widerständen“ ausgestattet war und veraltete elektrische Komponenten enthielt, die schon im April 1999 zum Austausch vorgesehen gewesen waren.
Der Staat Florida aber beschloss, die neuen Teile, unter anderem die Bein- und Kopfelektroden, nicht installieren zu lassen. Die Kosten waren mit 265.000 Dollar veranschlagt gewesen.

Floridas Vollzugsbehörde ist im Besitz einer exzellent gestalteten Webseite, auf der detaillierte Beschreibungen der Exekutionsprozedur abzurufen sind. Der elektrische Stuhl scheint auf viele Menschen eine grausame Faszination auszuüben. Nicht umsonst war diese Hinrichtungsart das Thema zahlreicher Filme.

1905

Der Anwalt **„Little Abe" Hummel** wird wegen verschiedener Vergehen zu einer Gefängnisstrafe verurteilt.

Hummel und „Big Bill" Howe waren die Anwälte von **Fredericka Mandelbaum** (auch bekannt als „Marm" oder „Mother"), der wahrscheinlich größten und erfolgreichsten Hehlerin in der Geschichte New Yorks. In ihren exquisit eingerichteten Apartments veranstaltete Marm Mandelbaum gerne opulente Abendgesellschaften mit Musik und Tanz, zu deren Gästen nicht nur einige der berüchtigtsten Verbrecher Amerikas zählten, sondern häufig auch Polizeibeamte und Politiker, die in den Mandelbaumschen Einflussbereich geraten waren.

Die New Yorker Polizei verdächtige Marm Mandelbaum 1862 erstmals der Hehlerei. In den darauffolgenden zwanzig Jahren soll sie laut Schätzungen Diebesgut im Wert von fünf bis zehn Millionen Dollar umgeschlagen haben.

Bei all ihren Aktivitäten konnte Marm Mandelbaum auf den sachkundigen juristischen Beistand von Big Bill Howe und

Little Abe Hummel vertrauen, denen sie ein Jahreshonorar von 5.000 Dollar zahlte. Doch selbst diese beiden konnten ihr nicht helfen, als 1884 Reformelemente das Ruder übernahmen und der Bezirksstaatsanwalt Anklage wegen schweren Diebstahls und Hehlerei erhob. Die Gerichtsverhandlung war für Dezember geplant, doch Marm Mandelbaum ließ ihre Kaution verfallen und floh nach Kanada, wo sie ihre letzten Jahre verbrachte, obwohl sie angeblich auch mehrmals verkleidet nach New York reiste. Für den Staat gab es jedoch trotz aller Anstrengungen nichts zu holen, da Marms Kautionssteller die als Pfand für ihr Erscheinen vor Gericht eingesetzte Liegenschaft mittels rückdatierter Dokumente übertragen hatten und Marm selbst ihren Besitz auf ihre Tochter überschrieben hatte. Was ihre beiden Anwälte betrifft, so starb Howe 1903 und Little Abe wurde zwei Jahre danach von Staatsanwalt William Travers wegen verschiedener Vergehen hinter Gitter gebracht.

1907

Laut dem Chicagoer **Rabbi Emil Hirsch** werden 75 % der „weißen Sklaverei“ (Mädchenhandel) in seiner Stadt von Juden beherrscht.

1908

Das Untersuchungsbüro (Bureau of Investigation) wurde von Theodore Roosevelt gegründet, um Korruptionsfälle im Umgang mit öffentlichem Landbesitz in Idaho zu untersuchen. Justiz- und Innenministerium hatten keine eigenen Untersuchungsbeamte: Theodore Roosevelt lieh sich welche vom Geheimdienst (Secret Service); als der Kongress gegen „geborgte“ Agenten abstimmte, kreierte Theodore Roosevelt ein neues „Untersuchungsbüro“ im Justizministerium.

14. Mai 1908

Max „Kid Twist" Zweibach, 26, Gangster und **Monk Eastmans** „Hauptmann", und **Samuel „Cyclone Louie" Teutsch**, 26, werden von Mitgliedern der rivalisierenden Five Pointers Gang auf Coney Island ermordet.

In jener Nacht beschlossen „Kid Twist" Zweibach, der Oberleutnant von Monk Eastman, und Louis „Louie the Lump" Pioggi, ein 16-jähriges Mitglied der gegnerischen Gang der Five Pointers, die Insel mit ihrer Gegenwart zu beehren. Keiner von beiden ahnte, dass der andere auch dort sein würde. Louie the Lump ging in das Tanzlokal, in dem die hübsche Tänzerin Carroll Terry arbeitete, obwohl diese ihm bereits zu verstehen gegeben hatte, dass sie die Avancen des illustren Kid Twist mehr schätzte. Louie the Lump rief von einem Telefon in der Nähe des Lokals aus einen der Bosse der Five Pointers an und brachte sein Anliegen vor, worauf ein halbes Dutzend Five Pointers nach Coney Island eilten, so schnell die Straßenbahn sie tragen konnte. Als Kid Twist mit Cyclone Louie das Tanzlokal verließ, wurde er von Louie the Lump und seinen Helfern schon erwartet: Zuerst knallten sie ihm ein paar Kugeln in den Kopf und schossen ihm dann noch ins Herz, als er auf den Gehsteig stürzte. Cyclone Louie versuchte zu flüchten, doch die Pistolen der Five Pointers feuerten weiter, und Louie, der große starke Mann, brach von Kugeln durchsiebt über dem Körper seines Bosses zusammen. Carroll Terry, die sich draußen mit Kid Twist hatte treffen wollen, bekam von dem um sich ballernden Louie the Lump eine Kugel in die Schulter und stürzte ebenfalls auf die Leiche des Gangleaders. Dann feuerte Louie the Lump noch eine Kugel durch den Helm eines Polizisten, der an den Tatort geeilt war.

Louie the Lump bekannte sich des Totschlags schuldig und wurde wegen seines jugendlichen Alters zu elf Monaten in der Besserungsanstalt von Elmira verurteilt.

1909

Allein 1909 erscheinen 3.000 jüdische „Youngsters“ vor einem Jugendgericht.

29. April 1910

John C. „Spanish Louie“ Lewis, auch bekannt als **Indian Louie**, wird in der 303 East 11th Street gleich neben der Second Avenue umgebracht. Die Mörder entkommen in einem „Pierce-Arrow“-Automobil.

Er war einer der berüchtigtsten Gangster in der Umgebung des alten Friedhofs in dem Block zwischen First und Second Avenue und Twelfth und Thirteenth Street. Seine Herkunft lag im Dunkeln. In den Spelunken von Chinatown und The Bowery, wo er sich häufig aufhielt, machten zahllose Geschichten seiner sagenhaften Heldentaten die Runde. Diese wurden von ihm weder bestätigt noch dementiert, denn Spanish Louie hatte eine großartige Gabe für das Geheimnisvolle. Er war ein Ehrfurcht und Respekt gebietender Anblick, wenn er die Straße entlangging und seine durchdringenden schwarzen Augen unter der schwarzen Krempe seines Sombreros hervorfunkelten. Trotzdem konnte niemand so genau sagen, ob er wirklich der war, der er vorgab zu sein. Er hatte immer Geld, denn drei Mädchen gingen für ihn auf den Strich, und als er ermordet wurde, hatte er einhundertsiebzig Dollar in der Tasche, siebenhundert Dollar in seinem Schuh und dreitausend Dollar in der Bowery Savings Bank. Doch Spanish Louie vollbrachte keinen nennenswerten Großtaten und hatte keinerlei Vorstrafen, und nicht einmal ein Jahr, nachdem er in der Lower East Side aufgetaucht war, wurde sein von Kugeln durchsiebter Körper in der Twelfth Street nahe der Second Avenue gefunden. Sein Mörder wurde nie gefunden, doch in der Unterwelt verdächtigte man den „Grabber", denn es war allgemein bekannt, dass dieser Spanish Louie beschuldigt hatte, ihm seinen Anteil an den Erträgen einer Veranstaltung vorzuenthalten, die die beiden in Tammany Hall gesponsert hatten.

Durch Spanish Louies Tod wurde auf jeden Fall der Schleier des Geheimnisses um seine Herkunft gelüftet, denn ein Mann aus Brooklyn holte seinen Leichnam ab und ließ ihn nach orthodoxem jüdischen Ritual bestatten.

März 1911

Der Gangster **Joseph „Johnny Spanish" Weyler (Wheiler)** wird nach der Tötung eines achtjährigen Mädchens zu sieben Jahren Haft verurteilt.

Johnny Spanish wollte seinen Gangsterrivalen **Kid Jigger** ermorden, als dieser gerade sein Anwesen in der Forsyth Street in der East Side verließ. Er eröffnete aus zwei Pistolen das Feuer, doch Jigger hastete zurück und blieb unverletzt. Eine von Spanishs Kugeln traf jedoch ein achtjähriges Mädchen, das gerade auf der Straße spielte, tödlich.

Spanish floh aus der Stadt und musste bei seiner Rückkehr einige Monate später feststellen, dass die Frau, für die er so viel auf sich genommen hatte, ihn für den imposanteren **Nathan „Kid Dropper" Caplin** verlassen hatte. Er sprach keine Drohungen gegen sie aus, doch eines Abends packte er sie in ein Taxi und fuhr mit ihr in ein Sumpfgebiet bei Maspeth (Long Island). Dort drängte er sie gegen einen Baum und schoss ihr mehrmals in den Unterleib. Die Frau wurde einige Stunden später bewusstlos aufgefunden – sie hatte in der Zwischenzeit ein Baby zur Welt gebracht, dem drei Finger weggeschossen worden waren. Johnny Spanish wurde einige Zeit später von der Polizei gestellt und kam ins Gefängnis.

Joseph „Johnny Spanish“ Weyler, ein spanischer Jude, war ein dünner, klein gewachsener 17-Jähriger, als er erstmals in der Unterwelt in Erscheinung trat. Mehrere Jahre lang agierte er als unabhängiger Gangster und nahm Aufträge von jedem an, der bereit war, seinen Preis zu zahlen. Später schloss er sich jedoch den Five Pointers an und war in den letzten Jahren der Paul-Kelly-Dynasty Anführer einer kleinen Gang.

April 1911

400 jüdische Geschäftsleute stürmen ein Gerichtsgebäude, um sich vor einem Geschworenengericht zu beschweren und um gegen Raubzüge und Bandenkriminalität in ihrer Nachbarschaft auszusagen.

2. Dezember 1911

Der italienische Gangster „Julie“ Morrello wird von **„Big Jack Zelig“ Lefkowitz** erschossen. Die Polizei bezeichnet laut der New York Times Morrello als einen der berüchtigsten Revolverhelden und Messerstecher der Eastside.

„Julie“ Morrello war bewaffnetes Mitglied der Jack Sirrocco Gang, den Hauptrivalen von Zelig. Als Morrello vom Stuyvesant-Casino-Ball hörte, dessen Gastgeber Zelig war, schwor er „to shoot it up“. Das war ein Männlichkeitsritual unter Gangstern, welches bedeutete, mitten im Ballraum zu stehen, eine Waffe oder zwei herauszuziehen und in die Luft zu feuern. Zelig fluchte – und machte es so klar, dass es auch der Italiener erfuhr – wenn Morrello bewaffnet auf dem Ball auftauchte, würde er nicht lebend davonkommen.

Beide hielten ihr Versprechen. Morrello stürmte die Stufen hinauf, nur um in Zelig hineinzulaufen. Der jüdische Gangster Zelig feuerte sofort und unbarmherzig vier Kugeln auf seinen Widersacher. Morrello starb draußen auf der Straße, ohne die Identität seines Angreifers aufzudecken. Zelig wurde nie angeklagt. Der Mord vergrößerte Zeligs Ansehen. Detektiv **Abe Shoenfeld** berichtete: „Von diesem Tag an wurde Zelig zum gefürchtetsten Mann in New York".

Das Stuyvesant-Casino war eines der Zentralpunkte des kriminellen Lebens an der Lower East Side, die große Halle war ein beliebter Schauplatz für Unterweltaktivitäten.

1912

Der New Yorker Zuhälter **Mordechai „Motke" Greenberg**, der 1890 mit einer einzigen Prostituierten begonnen hatte, kontrolliert acht Bordelle und 114 Frauen und verdient 4.000 Dollar pro Monat: ein Betrag, der auf heutige Maßstäbe kaum umgerechnet werden kann.

18. Juni 1912

Ralph Friedmann, 25, und **Jacob Kuhn**, 24, werden im Auborn-Gefängnis in New York exekutiert. Beide werden des Mordes an dem Händler **George A. Suschar** überführt und auf dem elektrischen Stuhl hingerichtet.

15. Juli 1912, gegen 2.00 Uhr nachts

Spieler und Casinobesitzer **Herman „Beansie" Rosenthal**, 33, wird vor dem Café Metropole, West 43rd Street östlich des Broadway von vier bewaffneten Gangstern, die in einem Auto auf ihn warten, erschossen.

Im Sommer 1912 erhielt der Spieler Herman „Beansie" Rosenthal von Staatssenator Big Tim Sullivan die Erlaubnis, ein neues Casino in der 104 W, 45th Street mit dem Namen „Hesper Club" zu eröffnen. Als Sullivan schwer krank wurde und den Club nicht mehr selber führen konnte, machte schnell der korrupte Leutnant Charles Becker von der New Yorker

Polizei seine Autorität geltend. Anstatt ihn zu decken, wie Becker angenommen hatte, begann Rosenthal sich laut bei Politikern der Tammany Hall zu beschweren. Er, Rosenthal, würde nicht für solch minderwertige Behandlung durch einen abtrünnigen Polizisten gerade stehen. Becker machte dafür im Gegenzug eine Razzia in Rosenthals Club und ließ ihn daraufhin schließen.

In der Nacht des 15. Juli 1912 ging Rosenthal zum Büro des Bezirksstaatsanwalts. Nach dem Treffen mit diesem, Charles Whitman, verließ Rosenthal das Gerichtsgebäude um 23.00 Uhr und landete im „Café Metropole“ in der West 43rd Street, einem lokalen Treffpunkt für Spieler. Die Neuigkeit von Rosenthals Treffen mit dem Staatsanwalt hatte sich bereits im Bezirk (Tenderloin) herumgesprochen. Mit Zeitungen in der Hand ging Rosenthal in das Metropole, nahm im hinteren Teil des Raums allein Platz und begann zu lesen. Ein paar Minuten vor 2.00 Uhr sprach ihn ein Kellner an: „Da ist jemand vorne, der Dich sehen will, Beansie“, sagte er. Rosenthal ging zum Eingang. Er sah einige Männer, die sich im Schatten zu seiner Linken versteckt hielten. „Hierher, Beansie!“, rief einer von ihnen. Als er näher kam, wurden vier Schüsse abgefeuert. Rosenthal brach am Straßenrand zusammen. Einer der Mörder kam heran, hielt eine Pistole an Rosenthals Kopf und feuerte einen weiteren Schuß ab. Die Männer rannten dann zum Fluchtwagen auf der anderen Straßenseite. Dieser gehörte zum Boulevard Taxi Service in der 2nd Avenue und 10th Street. Unterlagen dort zeigten, dass der Wagen von einem **Bald Jack Rose** gemietet war (echter Name **Jacob Rosenzweig**), seines Zeichens ein Gefolgsmann von Charles Becker. Der Fahrer hieß **William „Willie" Shapiro**.

Der Distriktstaatsanwalt Whitman fand heraus, dass **Bridgey Webber** und **Harry Vallon**, frühere Opiumdealer aus Chinatown, gesehen wurden, als sie wenige Minuten vor der Schießerei vor dem Metropole herumlungerten. Es war Vallon, der die Nachricht an Rosenthal in die Bar schicken ließ. Aufgrund dieser Information wurden Webber und Vallon festgenommen.

Zwei Tage nach der Verwicklung in den Mordfall stellte sich Bald Jack Rose dem Bezirksstaatsanwalt. Durch Rose fand Whitman heraus, wo sich Shapiro versteckte. Als er verhaftet wurde, bestritt Shapiro jeden Zusammenhang mit dem Mord. Whitman bot Rose, Webber, Vallon und Shapiro Straffreiheit im Austausch für Informationen an. Daraufhin gestand Shapiro.

Er gab zu, dass er den Packard fuhr, der die Mörder zum Metropole brachte. Er identifizierte die Männer, die mit ihm im Auto waren, als: **Louis „Lefty Louie“ Rosenberg**, Frank „Dago“ Cirofici, **Jacob „Whitey Lewis“ Seidenshnier** und **Harry „Gyp the Blood“ Horowitz**. Alle wurden von der Polizei festgenommen und in das Tombs – Manhattans gefürchtetstes Gefängnis – gebracht. Vallon, Webber und Rose wurden zusammen in einen separaten Teil gesperrt, ein Umstand, der es den dreien ermöglichte, eine wasserdichte Story zu konstruieren. Welche Hoffnungen Whitman auch hatte - falls er welche hatte -, die Wahrheit herauszufinden, sie wurden durch die Entscheidung, die drei zusammenzulegen, zunichte gemacht.

Der Mord an dem bekannten jüdischen Spieler Herman „Beansie“ Rosenthal war besonders beunruhigend für die jüdische Gemeinschaft, denn dadurch öffnete sich die Büchse der Pandora, voll von Prozessen und Zeugenaussagen, die nicht gerade schmeichelhaft für die ansässigen Juden waren.

Juli 1912

Begräbnis
Hermann „Beansie“ Rosenthal

Photo: Corbis

5. Oktober 1912

Harry „Big Jack Zelig" Lefkowitz, 24, wird erschossen, als er eine New Yorker Straßenbahn besteigt. Der Mann, der Big Jack Zelig exekutierte, wird später als **„Red" Phil Davidson** identifiziert. Big Jack Zeligs Ermordung findet einen Tag vor Beginn des Prozesses von **Beansie Rosenthals** Mördern statt.

Big Jack Zeligs Beerdigung wurde von Detektiv **Abe Shoenfeld** wie folgt beschrieben: „Alle Straßen rund um die Broome Street waren verstopft. Ein Chor, bestehend aus zwölf Sängern und dirigiert von Kantor Goldberg von Newark, New Jersey, sang jüdische Hymnen, als die Prozession durch die Delaney Street zur Brücke zog. Die Straße war gesäumt von einer langen Menschenkette, die dem Begräbniszug zusah. Nur die Beerdigung von Rabbi Joseph übertraf an Prunk die von Jack Zelig."

14. Oktober 1912

Theodore Roosevelt (ehemaliger Präsident der Vereinigten Staaten) entkommt einem Mordanschlag (angeschossen) in Milwaukee während seiner Präsidentschaftswahlkampagne.

November 1913

Maxie Greenwalt, Gangster, einer von **„Dopey Benny“ Feins** Gefolgsleuten, wird von einem rivalisierenden Bandenmitglied, Johnnie Dike, auf der Broome Street in New York erschossen.

1913

Begeistert von der beinahe permanenten Möglichkeit, ihre Künste zu demonstrieren, traten einige der wildesten unabhängigen Gangster in den Dienst von „**Dopey Benny“ Fein**, dessen Gefolgschaft durch Überläufer aus gegnerischen Gangs weiteren Zulauf erhielt. Auch der Gangleader **Joseph „Joe the Greaser“ Rosenzweig** verlor viele seiner besten Männer.

Der gerissene Bandenboss verhinderte seinen völligen Untergang jedoch dadurch, dass er eine Allianz mit Dopey Benny einging, und anerkannte diesen ab damals als Oberboss aller Gangs, wenngleich er seine eigene Gruppe als unabhängige Einheit weiterführte. Dank dieser Allianz beherrschten Dopey Benny und Joe the Greaser praktisch die Situation, und die vielen kleinen Gangleader wie **Little Rhody, Pinchey Paul** und **Billy Lustig** wurden von den Gewerkschaftsfunktionären bei der Arbeitsvergabe übergangen. In ihrer Verzweiflung schlossen sich die kleinen Gangs zusammen und erklärten Dopey Benny und Joe the Greaser Ende 1913 den Krieg, den sie mit einer Schießerei an der Grand Street/Forsyth Street eröffneten. Allerdings waren die Gangster bekannt schlechte Schützen, so dass niemand verwundet wurde, wenngleich durch das ungezielte Herumballern mehrere Auslagenscheiben zu Bruch gingen und in den belebten Durchgängen eiliges Gerenne ausbrach. Einer der Hauptanstifter des Krieges war ein Mann namens **Jewbach**, der ständig Komplotte gegen die Macht von Dopey Benny und Joe the Greaser schmiedete und so lästig wurde, dass **Nigger Benny Snyder**, ein Gefolgsmann von Joe the Greaser, ausgeschickt wurde, um ihn zum Schweigen zu bringen. Nigger Benny attackierte Jewbach an der Rivington Street/Norfolk Street mit einem Messer, konnte aber nur zwei Mal auf ihn einstechen, bevor er festgenommen wurde. Jewbach verkündete lauthals, dass er Nigger Benny vor Gericht und ins Gefängnis bringen würde, worauf Joe the Greaser ihm mit einem halben Dutzend seiner Schläger einen Besuch abstattete. Die Gangster drückten Jewbach zu Boden, und Joe the Greaser schnitt ihm ein großes Stück der Unterlippe weg. Jewbach konnte wochenlang nicht sprechen und war so eingeschüchtert, dass er nicht zur Gerichtsverhandlung erschien und Nigger Benny freigesprochen wurde. Als später Pinchey Paul tot aufgefunden wurde, beschuldigte man Nigger Benny des Mordes. Dieser saß so sehr in der Klemme, dass er umgehend ein Geständnis vor dem Staatsanwalt ablegte und die Verantwortung für den Mord auf Joe the Greaser abwälzte, der ihm fünf Dollar für die Tat gegeben habe. Nigger Benny erhielt eine Haftstrafe von zwanzig Jahren. Joe the Greaser bekannte sich des Totschlags für schuldig und wurde im Dezember 1915 zu zehn Jahren in Sing Sing verurteilt.

1913, Lower East Side, New York

Das Spezialgebiet der Gangleader **Joseph „Yoske Nigger" Toplinsky, „Johnny" Levinsky** und **Charles „Charley the Cripple" Vitoffsky** war das Stehlen und Vergiften von Pferden. Ende 1913 verfügten sie dank der Zufriedenheit, für die ihr Schaffen unweigerlich sorgte, praktisch über ein Monopol in diesem Bereich. Daher trafen sie die weise Geschäftsentscheidung, ihr Feld aufzuteilen, und arbeiteten rund zwei Jahre harmonisch zusammen, wobei sie einander gelegentlich auch ihre Handlanger borgten, wenn es einen besonders heiklen Auftrag zu erledigen galt. Yoske Nigger war ausschließlich für Lebensmittelmärkte, Fuhrwerker und Mietställe zuständig, Levinskys Aktivitäten beschränkten sich auf den Eiscremehandel, und Charley the Cripple kümmerte sich um Aufträge, die aus der Konkurrenz zwischen den Selters- und Sodawasserhändlern und -herstellern resultierten.

Die Honorare richteten sich nach Umfang und Gefahr des Auftrags, waren für gewöhnlich aber so hoch, wie es der Markt erlaubte. Die Anführer vieler East-Side-Gangs waren bereit, jemanden für gerade einmal zwanzig Dollar umzubringen, während es in der Lower East Side nur so von Gangstern wimmelte, die saubere, fachmännische Arbeit ohne lästige Folgen schon für zwei bis zehn Dollar anboten, je nach Bekanntheitsgrad des Opfers und ihrer eigenen finanziellen Situation zum Zeitpunkt der Auftragserteilung. Gegen Ende 1913 gab es in New York wahrscheinlich mehr Gangs als zu jeder anderen Zeit in der Geschichte der Stadt.

9. Jänner 1914

Frederick Strauss, ein unbeteiligter älterer Passant, wird bei einem Schusswechsel zwischen rivalisierenden New Yorker Banden erschossen.

Strauss wurde in der Broome Street erschossen, nicht weit von einem Gebäude, an welches man sich wegen des Electric Circus erinnert, einem populären Rock-Club in den glorreichen Tagen der 60er Jahre. Jahre zuvor war hier die Arlington Hall, eine Räumlichkeit, wo Bar Mitzvahs, Bälle, Hochzeiten und andere Feste gefeiert wurden, für die in privaten Haushalten der Platz fehlte. Am 9. Januar 1914 mieteten der Geschäftemacher und Schieber Jack Sirocco und seine Gang das Gebäude für einen Ball. Das war eine Provokation. Eine italienische Bande, schamlos einherstolzierend auf jüdischem Bandenterritorium. Und dieser Abend fand mitten in einem Kampf zwischen der Sirocco-Gruppe und der aufstrebenden Nachbargang von **„Dopey Benny“ Fein** statt.

„Dopey Benny“ Fein war am Höhepunkt seiner Macht. Fast allein organisierte er den aufstrebenden Markt von Raubüberfällen und dem Geschäft mit Arbeitskräften. Er organisierte, was bisher eher zufällig passierte, indem er Gehaltslisten festlegte, schriftliche Arbeitsverträge aufsetzte, Zuteilungen von Territorien einführte. Er war, obwohl das sonderbar erscheinen mag, ein Mann von Prinzipien: Er arbeitete nur im Sinne der Gewerkschaften. Einmal verweigerte Fein die Annahme von 15.000 $, weil er nicht für einen Fabrikanten arbeiten wollte: „Mein Herz gehört den Arbeitern“, erklärte er. Im Gegensatz dazu arbeitete Siroccos Bande für die Kapitalisten. Die Banden hatten sich zwei Monate zuvor von Angesicht zu Angesicht getroffen, als sie Gegner bei einem Streik der Schirmmachergewerkschaft waren. Ein Gefecht in der Broome Street endete mit der Ermordung von Feins Mann **Maxie Greenwalt** durch einen von Siroccos Günstlingen.

Während Sirocco seinen Ball plante, sann Fein nach Rache. Früh am Abend des 9. Januar, bevor die Party ins Laufen kam, bezogen neun Männer Stellung in den Zugängen des Gebäudes: **Isidore „Jew Murphy“ Cohen**, Angie „Augie The Wop“ Del Gracio, **Abie „Little Abe“ Beckermann**, **Irving „Waxey Gordon“ Wexler**, **Joe „Brownie“ Brown**, **Julius „Little Yutch“ Eisenberg**, **Morris „The Mock“ Kaplan**, **David „Battling Dave“ Sanders**, **Harry „Shorty“ Gordon**.

Als die Sirocco-Männer die Stufen zum Eingang erreichten, eröffnete die gut positionierte Fein-Bande das Feuer. Eine Salve von Pistolenschüssen kam aus der Halle, als sich die Sirocco-Männer zur Deckung trennten und zurückschossen. Die Fein-Männer hatten ihre Pistolen nicht wirklich im Griff, keiner ihrer Feinde wurde getroffen. Frederic Strauss, ein unbeteiligter Passant, wurde bei dem Schusswechsel ermordet.

Das war zwei Jahre bevor Irving Wexler und Isidore Cohen, die einzigen der Schützen, vor Gericht gebracht wurden. Beide wurden aus Mangel an Zeugen wieder freigelassen. Wexler wurde einer der erfolgreichsten Schwarzhändler der Stadt. Feins Macht zerbrach nach diesem Zwischenfall. Später, unter Druck in einem anderen Fall, begann er dem Bezirksstaatsanwalt Namen zu nennen. Danach, so sagt man, wurde er ehrlich.

13. April 1914

Harry „Gyp the Blood“ Horowitz, 25, Gangster, Rausschmeißer und Gefolgsmann, wird mit drei Komplizen, **Jacob „Whitey Lewis“ Seidenshnier**, 21, **Louis „Lefty Louie“ Rosenberg,** 24, und Frank „Dago“ Cirofici, 27, der Verschwörung zum Mord im Fall **Herman „Beansie“ Rosenthal** überführt. Sie werden auf dem elektrischen Stuhl im Sing-Sing-Gefängnis hingerichtet.

30. Juli 1915, 5.30 Uhr

Um 5.30 Uhr geht der Leutnant der New Yorker Polizei Charles Becker, in schwarz gekleidet, den Todesgang entlang. Während Dutzende Reporter zusehen, wird er hastig auf den elektrischen Stuhl geschnallt. Seine letzten Worte: „In deine Hände, o Gott, gebe ich meinen Geist!“ Die Voltspannung, die Becker töten sollte, war jedoch mangelhaft eingestellt. Die Exekution gerät zum Alptraum. Die Spannung wird erhöht, und erst die dritte Ladung führt zum Exitus. Acht Minuten dauerte die Exekution laut Aufzeichnungen der Pressevertreter, die die Exekution bezeugen: „Leutnant Charles Becker von der New Yorker Polizei ist tot.“

In der Geschichte der Vereinigen Staaten wurden relativ wenige Polizisten eines Verbrechens beschuldigt oder exekutiert. Einer dieser wenigen war Charles Becker, ein profilierter Leutnant der New Yorker Polizei, der während der Blütezeit der „Tammany Hall“ als Mörder überführt wurde. Seine Gerichtsverfahren waren die größten, die New York jemals erlebte. Drei Jahre dominierte der Prozess die Schlagzeilen der Presse. Der Tenderloin, die Gegend um 42. Straße und Broadway, jetzt als Times Square bekannt, beheimatete hunderte Spielcasinos und eine Heerschar von Prostituierten. Es war eine durchaus übliche Praxis von Zuhältern und Casinobesitzern, sich Schutz vor Strafverfolgung bei der Polizei zu erkaufen.

Aus Sullivan County stammend, übersiedelte Charles Becker 1888 nach New York City. Seinen ersten Job bekam er als Barmixer in der Bowery, stieg aber bald zum Rausschmeißer auf. Dabei traf Becker **Monk Eastman**. Durch diese Freundschaft lernte Becker andere Kriminelle kennen, darunter auch einige Politiker. Einer davon war Big Tim Sullivan, ein Staatssenator, der als König des Tenderloin angesehen wurde und der Oberaufseher über Bestechung und Schieberei in Manhattan war.

Sullivan nahm sich Beckers an und arrangierte 1893 für ihn den Eintritt in die New Yorker Polizei. Als Polizeioffizier hatte Becker eine bewegte Karriere. Es wurde mehrmals gegen ihn wegen Brutalität und Festnahme falscher Personen ermittelt. Auch wurde Becker vor das Bezirksgericht gebracht. 1896 erschoß er irrtümlich einen unschuldigen Passanten bei der Jagd nach einem

Einbrecher. Becker versuchte sich zu schützen, indem er den toten Mann als bekannten Einbrecher darstellte. Er wurde für 30 Tage suspendiert. 1898 versetzte ihn die Polizei in den 16. Bezirk, den Tenderloin, und führte ihn damit direkt in die Tiefen der korrupten Jauchegrube. 1910 formte Polizeikommissar Rhinelander Waldo Spezialtruppen, um die Straßengangs, die Lower Manhattan regierten, zu zerschlagen. Becker wurde Leiter eines Teams. Waldo dehnte dessen Aufgaben aus, um sich gegen die Westside-Spielhöllen durchsetzen zu können. Stattdessen benutzte Becker seine Mannschaft, um die Casinobesitzer unter Druck zu setzen. Becker heuerte **„Big Jack Zelig“** an, der einen Teil von Monk Eastmans Gang übernahm, nachdem Eastman eingesperrt und sein Chefleutnant **Max „Kid Twist“ Zweibach** ermordet wurde. Zelig benutzte seine Leute **Horowitz, Rosenberg**, Cirofici und **Seidenshnier**, um die Kassierrunden zu machen. Zusammen hatten sie wenig Mühe, Beckers Regeln in den Spielstätten des Broadway durchzusetzen.

Die Mannschaft ermordete den Spieler und Casinobesitzer **Herman „Beansie“ Rosenthal** am 15. Juli 1912, als dieser sich zu laut über die Behandlung und Beckers korrupte Regeln beschwerte. Die ganze Gang wurde innerhalb von zwei Wochen festgenommen und eingesperrt. Am 29. Juli 1912 wurde Leutnant Charles Becker aufgrund einer schriftlichen Erklärung von **Bald Jack Rose** angeklagt. Am selben Tag wurde Becker an der Bathgate-Avenue-Station in der Bronx aufgegriffen. Als vor Gericht die Anklage gegen ihn vorgebracht wurde, sprach er nur zwei Worte: „Nicht schuldig!“ und verschwand, bevor Reporterhorden ihn befragen konnten. Etwas über zwei Monate nach der Anklage begann Beckers Gerichtsverfahren.

Auf der Anklagebank saß Richter John W. Goff, ein erklärter Feind der Unterwelt und Veteran der Untersuchungen von 1894 gegen New Yorks Korruption.

Am 12.10.1912 fesselte Bald Jack Rose den ganzen Gerichtssaal mit einer Detailschilderung von Beckers sündhaften Verbindungen mit der Westside-Unterwelt. Er bezeugte, dass Becker zu ihm gesagt habe: „Rosenthal soll aus der Welt geschafft werden. Ermordet ihn!“ Rose sagte aus, dass er „Gyp the Blood“ und „Whitey Lewis“ einberief. Diese wiederum, so Rose, rekrutierten „Lefty Louie“ und Dago Frank. Rose sagte aus, dass jeder einem Vertrag über 1.000 US-Dollar zustimmte, mit Shapiro am Steuer des Wagens. Rose bestätigte, dass sie zu fünft in der Nacht des 15. Juli zum Metropole gingen und Rosenthal umbrachten. Die Erläuterungen von Richter Goff an die Geschworenen dauerten nahezu vier Tage, dann zogen diese sich zur Urteilsfindung zurück. Fünf Tage später wurde Becker ins Sing-Sing-Gefängnis am Ufer des Hudson gebracht, um seine Exekution am 12. Dezember 1912, nur sechs Wochen nach der Verurteilung, zu erwarten. Beckers Fall kam vor das Berufungsgericht. Am 24. Februar 1914 wurde die Verurteilung verworfen, und ein neuer Prozess begann am 6. Mai 1914. Beckers neues Verfahren begann nach Zeitplan. Bald Jack Rose, mittlerweile ein Angehöriger der „Wiedergeborenen Christen" und ständig zu Vorlesungen und Predigten unterwegs, wurde eingeladen, um seine Zeugenaussage zu wiederholen.

Am 22. Mai 1914, in der ersten Wiederverurteilung in New Yorks Geschichte, wurde Becker noch einmal wegen Mordes schuldig gesprochen. Die Hinrichtung sollte am 16. Juli 1914 in Sing Sing stattfinden. Aber eine weiteres Mal kam es zu einer Verzögerung. Becker hatte alle Berufungsmöglichkeiten ausgeschöpft und sein Tod schien unmittelbar bevorzustehen. Die

Exekution wurde nun für 30. Juli 1915 festgesetzt. In einer letzten Erklärung seiner Unschuld schrieb Becker an Whitman: „Ich bin so unschuldig wie Sie an der Ermordung Herman Rosenthals.“ Whitman, der in der Zwischenzeit zum Gouverneur gewählt worden war, weigerte sich, die Strafe umzuwandeln, und Becker wurde am 30. Juli 1915 auf dem elektrischen Stuhl hingerichtet. Als sein Begräbnis vorbereitet wurde, ließ seine Frau eine Silberplatte mit folgender Inschrift auf dem Sarg anbringen: CHARLES BECKER ermordet am 30. Juli 1915 von Gouverneur Whitman.

Das Schild wurde nicht entfernt, bis Inspektor Joseph A. Farnot Frau Becker überzeugte, dass sie wegen Beleidigung angeklagt werden würde.

1917, 507 East 11th Street

Drogenhandel ist in dieser Gegend von New York keine neue Erscheinung. Schon kurz nach 1900 wurde ausgiebig mit Kokain, Heroin, Morphium und Opium gehandelt. Der Kriminalbeamte **Abe Shoenfeld** berichtete, dass jüdische Dealer jeden Monat

Kokain im Wert von mindestens 100.000 Dollar (im Dollarwert des Jahres 1917!) über Kanada einschmuggelten. Kokain wurde außerdem von italienischen Dealern über Italien und Kanada und von anderen über die westindischen Inseln und Südamerika eingeführt. Zu den bekannten lokalen Drogenhändlern jener Zeit gehörten **Dinny Fox** und **Benny Silver**, **Little Archie** und **Big Nose Benno**, die **Mannheimer-Verbindung**, **Hymie Fishel**, **Joe Asch** und **Irwing „Waxey Gordon" Wexler**. Letzterer sollte später noch landesweit als einer der mächtigsten Alkoholschmuggler New Yorks bekannt werden. Kurz vor dem Ersten Weltkrieg gab es in der Gegend mindestens dreißig Drogenverkaufsstellen. Shoenfeld beschrieb einen typischen Deal in **„Dreyfus's Drugstore"** an der nordwestlichen Ecke der Second Avenue und 14th Street im Jahr 1914:

Gehen Sie in eine Telefonzelle in der Drogerie und bleiben Sie dort etwa zwei Minuten stehen, nehmen Sie eine 50-Cent-Münze und klopfen Sie damit einige Male auf das Fenster der Telefonzelle. Bleiben Sie weiter dort stehen. Der Drogeriebesitzer oder einer seiner Angestellten wird zur Telefonzelle kommen und Ihnen ein Paket oder eine Schachtel mit Kokain geben, für das

Sie ihm die 50 Cent geben. Die richtige Zeit dafür ist zwischen elf und zwölf Uhr vormittags.

Durch den Zweiten Weltkrieg wurde der Opiumnachschub aus Asien abgeschnitten, und die europäischen Verteilungsrouten wurden unterbrochen. In den darauffolgenden zwanzig Jahren sackte der Drogenverbrauch stark ab. Erst in den 1960-ern, als Gegenkultur und Konsumkultur sich miteinander verbanden, erlebte der Drogenhandel einen erneuten Aufschwung, und der Drogenkonsum erreichte ein noch höheres Ausmaß als früher. Ende der 70er-Jahre war diese Gegend der weltweit größte Endverkaufsmarkt für Heroin und wies die höchsten Junkie-Zahlen der Stadt außerhalb von Harlem auf. In den 80er-Jahren wurde der Straßenhandel mit Heroin aufgrund des großen Polizeidrucks größtenteils verdrängt, doch das Auftauchen von Crack um 1986 führte zu einer Renaissance der Straßendealer.

29. Juli 1919

Der Gangster **Joseph „Johnny Spanish“ Weyler** wird vor einem Restaurant in der Second Avenue Nr. 19 ermordet. Drei Männer näherten sich ihm von hinten und feuerten auf ihn, bis die Magazine leer waren. **„Kid Dropper“** wurde festgenommen, aus Mangel an Beweisen aber wieder freigelassen, obwohl seine Feindschaft mit Spanish allgemein bekannt war. In der Zeit von **Monk Eastman** und Paul Kelly war Kid Dropper kein führender Gangster gewesen, doch mit dem Tod von Johnny Spanish wurde er zur mächtigsten Figur der Unterwelt.

1919

In Chicago wird die Kriminalkommission „Secret Six“ gegründet. Grund sind die laufenden Arbeiterunruhen während des 1. Weltkriegs.

21. Februar 1920

Die Polizei findet die Leiche von **Samuel Rappaport** am Raymonds Channel in New York.

11. Mai 1920

Big Jim Colosimo wird in seinem eigenen Café an der 22. und Wabash Avenue, Chicago ermordet.

Zu dieser Zeit war Colosimo der oberste Boss des Mob von Chicago. Sein Tod, wahrscheinlich angeordnet von den untergeordneten Al Capone und Johnny Torrio, Colosimos Neffen, machte Platz für Capones Aufstieg zu Chicagos Bandenchef Nummer Eins.

Colosimo hatte Torrio und Capone von New York nach Chicago gebracht. Das FBI glaubte, dass Colosimo von einem Freund und Helfer, Big Jim O'Leary, mit Hilfe Torrios zur Ermordung bestellt wurde. Colosimo wartete mit O'Leary in seinem Restaurant, angeblich anlässlich eines geschäftlichen

Treffens. Ein Unbekannter, wahrscheinlich Capone, feuerte zwei Schüsse hinter einer gläsernen Telefonzelle hervor und traf Colosimo einmal in den Kopf.

16. September 1920

Nach der Explosion in der Wall Street. Eine in einer Pferdekutsche versteckte Bombe tötete 30 Menschen.

Photo: Daily News

9. Dezember 1920

Joseph Usefof, 23, Charles McLaughlin, 23, James Cassidy, 27, Howard Baker, 20, Joseph Milano, 22, werden auf dem elektrischen Stuhl in New York hingerichtet. Sie wurden wegen Raubes und Mordes verurteilt.

26. Dezember 1920

Der brutale Bandenführer **Edward „Monk Eastman" Osterman**, 47, wird von dem korrupten U.S.-Bundesbeamten Jeremiah „Jerry" Bohan erschossen, mit dem Eastman Alkoholschmuggel betrieben hatte. Eastmans Körper wird in der Bowery Alley mit fünf Schusswunden entdeckt.

Auf dem Höhepunkt seiner Macht befehligte Monk Eastman eine Armee von 1.200 der gefürchtetsten Verbrecher der Stadt; eine Truppe von Panzerknackern, Dieben und Schlägern mit Namen wie **„Flea Bag"** (Flohsack), **„Bucket of Blood"** (Eimer voll Blut) oder **„Suicide Hall"** (Selbstmordhalle).

Durch die Eastman Gang wurde das Gebiet zwischen Bowery und 14. Straße zum Niemandsland, in dem Krawalle und Kämpfe mit Rivalen wie den „Yakey Yakes“, den „Red Onions“ oder Paul Kellys berüchtigten „Five Pointers“ stattfanden. Diese Gangs hatten sich im späten 19. Jahrhundert aus bettelarmen jüdischen, italienischen und irischen Einwanderern gebildet, die nach New York strömten. Für sie bedeutete Kriminalität die einzige Alternative zum Verhungern.

Eastmans Zeit kam, als ein Italiener namens Paul Kelly (Paulo Antonia Vaccarelli, geboren in Italien 1867) die Kontrolle über die Five Pointers Gang übernahm. Kelly erklärte den totalen Krieg gegen die Eastmans. Trotz des angenommenen Namens „Kelly“ war Paul ungefähr so irisch wie Benito Mussolini. Er wählte den Namen in der Tradition von Preiskämpfern, die zu dieser Zeit alle unter irischen Namen boxten.

1901 wurde Eastman aus dem Hinterhalt von der Five Pointers Gruppe überfallen und niedergeschossen, aber er überlebte. Der Krieg zwischen den beiden Gangs wurde von da an mit äußerster Brutalität geführt, und es verging in dieser Zeit keine Nacht in der Bowery ohne Blutvergießen zwischen den beiden Banden.

1904 begaben sich Eastman und Kelly in den Ring, um ihre Differenzen zu bereinigen, und boxten bis zur Pattsituation.

Monk war der Sohn eines wohlhabenden Feinkosthändlers aus Brooklyn, der anfangs noch versucht hatte, seinen Sohn auf dem richtigen Pfad zu halten, und zwar als Verkäufer von Hundewelpen, Tauben und Kätzchen. Aber der Sohn fand sich eine andere Beschäftigung als Rausschmeißer in der New Irving Hall, einer New Yorker Tanzhalle. Sein neuer Name, Monk, spielte auf seine Fähigkeit an, affengleich Mauern zu erklimmen und sich durch Fenster in Gebäude zu schwingen.

Seine Haustiere vernachlässigte er nie. Meistens lief er mit einer großen blaugrauen Taube auf der Schulter herum, unter seinen muskulösen Armen ein paar Katzen tragend. Wer grausam zu Tieren war, bekam seinen Zorn zu spüren.

Was er sonst noch bei sich trug, waren Knüppel, Totschläger und Schlagringe. Zu Beginn seiner Karriere verursachte er so viele Verletzungen, dass Ambulanzfahrer die Unfallstation des Bellevue-Krankenhauses in „Eastman-Pavillon“ umtauften. Die Eastmans unternahmen Raub, Diebstahl und bezahlten Mord und wurden wieder und wieder von den korrupten Politikern der Tammany Hall angeheuert. Die Eastmans erledigten ein weites Spektrum an Diensten für die politische Maschinerie der Tammany Hall, einschließlich des üblichen Schutzes, sowie Schlägereien und Straßenkämpfe.

Aber der wichtigste Dienst, den Monk und die Gang anboten, war der so genannte „Get out the vote drive“. Es ging darum, Stimmvieh unter Androhung von Repressalien zur Wahlurne und zur Abgabe der richtigen Stimme zu zwingen. An einem Wahltag waren die Eastmans früh unterwegs, um sicherzustellen, dass die guten Staatsbürger zur Wahl gingen. Die Eastman Gang florierte.

Ein Mann wie Monk war viel Geld wert, und er hatte einflussreiche Freunde. Gleich nach seinen Festnahmen wurde er routinemäßig wieder auf freien Fuß gesetzt. Das ließ ihm die Freiheit, sein Geschäft mit dem Verbrechen weiter auszubauen: Kopfschläge oder Ohrbisse konnten bei ihm für 15 Dollar bestellt werden, Messerstiche für 25 Dollar; ernsthaftere Formen der Gewalt kosteten 100 Dollar.

Aber die entsetzliche Schlacht von Rivington Street im Sommer 1903 war sogar für Tammany zu viel. Der New Yorker Herald berichtete: „Drei Männer starben, als 100 Gangster sich im

Wildwest-Stil fünf Stunden lang durch zwei Meilen von Straßen gegen die Polizei durchkämpften, bis eine ganze Quadratmeile in Panik ausgebrochen war.“ Als Monk verhaftet wurde, kam ihm kein Tammany-Rechtsanwalt zur Hilfe, und er wanderte für zehn Jahre nach Sing Sing.

Als er wieder herauskam, war der Großteil seiner alten Gang verschwunden, und es gab für ihn keine Schlachten mehr zu schlagen. Dann begann der 1. Weltkrieg, und Monk kämpfte in Frankreich in der 106. Infanterie der 27. Division, den „O'Ryan's Roughnecks“. Dort in den Schützengräben wandelte sich Monk. Aus dem Verbrecher wurde ein Held. Dutzende Geschichten belegten dies. Monk, galoppierend über Ödland, um einen verwundeten Kameraden zu retten. Monk, von Bombenkrater zu Bombenkrater laufend, um Nester von Maschinengewehrschützen zu eliminieren. Monk, schwerverletzt darauf beharrend, das Lazarett wieder zu verlassen, um zu seiner Einheit zurückzukehren.

Als er im April 1919 heimkam, scharten sich seine Kriegskameraden um ihn. Die Zeitungen berichteten über seine Abbuße und Läuterung und bezeichneten seinen Lebensweg als

Beweis dafür, wie sogar die erbärmlichsten Missetäter errettet werden könnten. So kam es, dass Monks Ruf rehabilitiert wurde und er erhobenen Hauptes neben den anderen Kriegshelden durch die Fifth Avenue marschierte, bejubelt von den braven Bürgern New Yorks, die einstmals bei der bloßen Nennung seines Namens erbebt waren.

Zwei Tage nach der Weihnacht 1920 lautete die Schlagzeile der Daily News: „Ehemaliger Gesetzesbrecher, Kriegsheld, erschossen." Fünf Kugeln wurden in Monk Eastmans Leiche gefunden. Ein halbseidener Prohibitionswächter namens Jeremy Bohan, mit dem Monk in dem Eastside-Lokal Blue Bird getrunken hatte, wurde der Tat verdächtigt. Laut ihm war es ein Fall von Selbstverteidigung. Aber die ehemaligen Kriegskameraden des Toten aus der 106. Infanterie wollten davon nichts hören. Hank Miller und John Boland, die an der Seite Eastmans gekämpft hatten, sammelten für ein Militärbegräbnis. „Edward Eastman hat mehr für Amerika getan als Präsidenten und Generäle," sagte Boland. „Die Öffentlichkeit weiß ihre Helden nicht zu würdigen. Jetzt bezeichnen sie Herrn Eastman als Gangster, anstatt ihn als einen der Retter Amerikas zu ehren. Aber wir werden ihm

Gerechtigkeit widerfahren lassen und ein Begräbnis ausrichten, das seiner würdig ist."

An einem wolkenverhangenen, frostigen Morgen drei Tage vor Neujahr erschienen 4.000 Trauernde, Soldaten, Frauen, Kinder, alte Gangsterkollegen, um Monk das letzte Geleit zu geben. Dieser war in Uniform mit allen Abzeichen und der Legationsnadel gekleidet. Auf dem schwarzglänzenden Sarg war eine silberne Plakette mit der Aufschrift angebracht: „Unserem verlorenen Freund, von uns gegangen, aber nicht vergessen." Nach einer zwölfstündigen whiskygetränkten Totenwache wurde der fahnenbedeckte Sarg auf den Schultern von acht uniformierten Veteranen zu einem an der Williamsburg Bridge Plaza wartenden Leichenwagen getragen. 24 Kameraden in Zweierreihen bildeten die Ehrengarde. Eine Prozession von sechs polierten schwarzen Wagen und 20 Pferdekutschen begleitete die Parade zum militärischen Teil des Brooklyner Cypress-Hills-Friedhof. Am Grab wurden 21 Salutschüsse abgefeuert, und ein Hornist spielte die Begleitmusik, als Monks Sarg in die Erde gelassen wurde.

31. Dezember 1920

Begräbnis **Monk Eastman**
Tausende Menschen erweisen dem ermordeten Gangster, der mit militärischen Ehren bestattet wird, die letzte Ehre.

Photo: Daily News

31. Dezember 1920

Monk Eastmans Sarg, getragen von Kameraden mit denen er in Frankreich gekämpft hatte.

Photo: Corbis

19. März 1921

Gangster „Charleston" Eddie McFarland wird in einem Kino in Brooklyn von **Eddie „Honey Boy" Fletcher**, New Yorker Ganove, Boxer und späteres Mitglied der *Detroit Purple Gang*, erstochen. Dies war ein Racheakt, nachdem ein paar Wochen zuvor McFarland fünf Personen bei einer Tanzveranstaltung auf Coney Island getötet hatte.

1921

Der Bronx-Gangster mit dem Spitznamen **„Crazy Fat"** wurde bei lebendigem Leib in der Mitte der Wilkins Avenue, New York City, von rivalisierenden Gangstern verbrannt.

8. Juni 1922

Julius Rosenwasser, 26, Luigi Ebanista, 23, und Albert Librero, 24, sterben auf dem elektrischen Stuhl in New York; überführt des Raubes und Mordes.

1. August 1922

Louis Schwartzmann, Gangster, Ex-Boxer und Preiskämpfer, wird von den *„Gorilla-Boys"* **Louis „Lepke" Buchalter**, **Jacob „Gurrah" Shapiro** und Louis **„Louis Cohen" Kerzner** ermordet.

4. Oktober 1922, Bienfait, Kanada

Paul Matoff wird mit einer 12-kalibrigen Schrotflinte erschossen.

Eine Alkohollieferung war von einem Lagerhaus auf einen Lastwagen verladen worden. Wenige Stunden danach trafen sich Lee Dillage und Paul Matloff in der Bahnstation in Bienfait, um eine Transaktion im Wert von rund 10.000 Dollar abzuschließen. In dieser Zeit fand ein Überfall statt, und Matoff wurde von einem Unbekannten mit einer abgesägten Schrotflinte erschossen.

Ein Kanadier, Jimmy LaCoste, und ein Amerikaner, Lee Dillage, wurden angeklagt, später aber für unschuldig befunden.

Die 10.000 Dollar und ein Diamantenring wurden nach dem Mord gestohlen und nie wieder gefunden. Paul Matoff war der Schwager von **Harry** und **Samuel „Sam“ Bronfman**, mit deren ältester Schwester er verheiratet war.

21. März 1923

Solomon „Sol“ Conrad, New Yorker Gangster und Mörder, wird vor dem Oakland Sugar House, Detroit, Michigan von einer Salve Kugeln aus einem vorbeifahrenden Auto niedergemäht.

Frühling 1923

Samuel J. „Nails“ Morton, Chicagoer Gangster, wird bei einem Reitunfall im Lincoln Park in Chicago getötet.

Das Schulpferd warf „Nails“ ab und trat ihn zu Tode. Vier von Mortons und Dion O’Bannions Bandenmitgliedern, „Bugs“ Moran, Hymie Weiss, Louie „Two Gun“ Alterie und Schemerr Drucci, entführten das besagte Pferd und brachten es zu dem

Platz, wo es Morton tötete. Dort wurde es zuerst von Mortons Freund und Bewunderer Louis „Two Gun" Alterie in die Schnauze gebissen und dann von jedem Gangster in ehrenwerter Unterweltmanier einmal in den Kopf geschossen. Dem geschockten Stallbesitzer erklärte Two Gun Alterie: „Wir haben ihrem Hurenpferd eine Lektion erteilt, die es niemals vergisst."

Das Begräbnis von Samuel „Nails" Morton zog mehr als 5.000 Trauergäste an. Die meisten von ihnen waren Juden, die in Morton einen lokalen Helden sahen.

11. Juli 1923

Frank „Speed" Spede, New Yorker Gangster, erschossen von **Isadore Cantor**, Mitglied der *Oakland Sugar House Gang*, Detroit.

28. August 1923

Nathan „Kid Dropper" Caplin, 32, König der illegalen Arbeitsmarktmanipulation, wird von einem untergeordneten und geistig minderbemittelten Gangster namens **Louis „Louis Cohen" Kerzner** erschossen, als er unter Polizeischutz zu Gericht gebracht wird.

Zwischen 1920 und 1923 soll Nathan „Kid Dropper" Caplin für 15-20 Morde verantwortlich gewesen sein. Er war ein Broadway-Dandy, den Herbert Asbury in seinem 1928-er Klassiker *„The Gangs of New York"* folgendermaßen beschrieb: „Bekleidet mit einem stark taillierten Karoanzug, engen, spitzen Schuhen, wildgemusterten Hemden und Halstüchern in auffälligen Farbkombinationen, mit einer schräg ins vom langen Gefängnisaufenthalt bleiche Gesicht gezogenen modischen Melone." Anfang der 1920er wurde er als New Yorks führender Gangster angesehen. Er begann seine Karriere als kleines Mitglied der Five Pointers Gang und war als jüdischer Mobster eine ungewöhnliche Erscheinung in dieser ansonsten rein italienischen Gruppe. Den Spitznamen „Kid Dropper“ erhielt er als Jugendlicher wegen seiner Methode, eine Geldbörse mit Falschgeld fallenzulassen und diese einem Passanten zu verkaufen, da er selbst „keine Zeit habe, den Besitzer zu finden und die Belohnung zu kassieren“. Seine Opfer zahlten ihm, was sie als Belohnung für angemessen hielten.

Nach einem siebenjährigen Gefängnisaufenthalt wegen Raubes füllte „Kid Dropper“ 1918 die Lücke, die durch den Abgang von **„Joe the Greaser“ Rosenzweig** und **„Dopey Benny“ Fein** auf dem Sektor der Arbeitsmarktmanipulationen entstanden war. Sein Partner war **„Johnny Spanish“**. Dieses Partners entledigte sich „Kid“ am 29.7.1919, indem er ihn vor einem Restaurant in der Second Avenue erschoss. Danach dominierte „Kid“ alleine. Aber dann drohte ihm und seiner Gang eine neue, tödliche Gefahr: **Jacob „Little Augie“ Orgen**, ein mitleidloser Mörder, und dessen Gönner **Louis „Lepke“ Buchalter**, **Jacob „Gurrah“ Shapiro** und Jack „Legs“ Diamond.

Der blutige Kriegszug der beiden Gangs resultierte in 23 Morden zwischen 1922 und Mitte 1923. Einmal erwischten „Lepke“ und „Gurrah“ „Kid Dropper“ beinahe, unmittelbar neben seinem Hauptquartier in der Lower Eastside, aber getötet wurden nur einer von Kids Männern und ein unbeteiligter Passant.

Im August 1923 wurde „Kid Dropper“ wegen Waffenbesitzes verhaftet und vor den Essex Market Court gebracht. Bei der Überführung zu einem anderen Gerichtssaal geleitete eine Phalanx von Polizisten ihn an einem Schwarm von Journalisten und Schaulustigen vorbei. Beim Einsteigen in einem Polizeiwagen wurde „Kid“ von Louis „Louis Cohen“ Kerzner, einer von **Hyman „Curly“ Holtz**‘ Männern, erschossen. Kerzner bekam eine fünfzehnjährige Haftstrafe wegen Totschlags (nicht wegen Mordes!).

Mittlerweile hatte „Little Augie“ die Geschäfte von „Kid Dropper“ übernommen und führte diese, bis „Lepke“ und „Gurrah“ ihn ermordeten und damit die gesamten New Yorker Gewerkschaften beherrschten.

7. September 1923

Der Bierkrieg von Chicago begann. Am frühen Abend drangen sechs Mitglieder der O'Donnell Gang in den Saloon von **Jacob Geis** ein. Wenige Tage vorher hatte Geis sich geweigert, Bier vom O'Donnell-Vertreter abzunehmen. Deswegen waren die O'Donnell-Männer in dieser regnerischen Freitagnacht zurückgekommen. Vor den Augen von sechs Gästen stritten sie mit Geis über die Bierabnahme. Geis wollte nicht zahlen. Schließlich zogen ihn die Gangster am Kopf über die Theke und schlugen ihn, je nach Erzählung, mit Totschlägern beziehungsweise Revolvern. Was immer sie benutzten, sie zertrümmerten ihm den Schädel. Bei seiner Ankunft im Krankenhaus der deutschen Diakonissen war man dort überzeugt, dass er sterben würde. Aber der zähe Barbesitzer überlebte.

Auch der Kellner Nicholas Gorysko wurde in dieser Nacht zerschlagen ins Krankenhaus eingeliefert. Er hatte versucht, Geis während des Angriffs zur Hilfe zu kommen.

13. Dezember 1923

Abraham Becker, 35, **George Hacker Jr.**, 34, Harry Santanello, 29, Tod auf dem elektrischen Stuhl, New York; überführt des Mordes.

13. April 1924

Samuel Jacobs, 17, Chauffeur von Gangster **George C. Goldberg**, wird erschossen, als ein Auto mit sieben oder acht Insassen vorbeiprescht und einen Kugelhagel auf Samuel abfeuert. George C. Goldberg und seine Frau **Sadie** (Samuel Jacobs Schwester) überleben den Angriff. Goldberg galt als Gründer und Vorstandsmitglied der *„Oakland Sugar House Gang"* in Detroit.

18. April 1924

Isadore Cantors von Kugeln zerfetzter Körper wird von der New Yorker Polizei im East River, New York City, gefunden. Es wird festgestellt, dass er bereits zwei Wochen tot war. Cantor wurde weniger als ein Jahr, nachdem er den New Yorker Gangster **Frank Spede** ermordet hatte, umgebracht.

30. April 1925

Joseph Diamond, 22, **Morris Diamond**, 28 („*The Diamond Boys*") und John Farina, 23, Tod auf dem elektrischen Stuhl in Sing Sing, New York; verurteilt wegen Raubes und Mordes.

1. Mai 1925, New York

Begräbnis der
„Diamond Boys“

Ein kleiner Teil der riesigen Menschenmenge, die sich um den Trauerzug scharte, mit dem **Joe** und **Morris Diamond** von der Aufbahrungshalle zum Friedhof gebracht wurden.

Photo: Corbis

5. September 1925

Der Gangster **Morris Grossman** wird in seinem Auto vor dem Haus 240 East 81st Street angeschossen und verbrennt darin. Der Mord wird einer Bandenfehde zugeschrieben. Das Begräbnis findet zwei Tage danach statt.

Anblick des verbrannten Autos und der verkohlten Überreste (unter Jutesack) des Gangsters **Morris Grossman**.

Photo: Daily News

29. Jänner 1926

Emil Klatt, 35, Luigi Rapito, 34, Tod auf dem elektrischen Stuhl, New York; überführt des Mordes.

März 1926

Meyer „Fish" Bloomfield, ein Schläger in der Spielhölle von Charles T. „Doc" Brady, 326 Grand River Avenue, wird entführt. Die St. Louis Rats (Eagan Rats) werden dafür verantwortlich gemacht. Dieser Fall leitete eine Serie lukrativer Entführungen von reichen Spielern um Lösegeld ein.

19. März 1926, Chicago

Der Gangster Samuzzo „Samoots" Amatuna wird erschossen.

Samoots war der Beau Brummel von Little Italy, und es gibt viele Anekdoten über seine hohen Ansprüche und seine elegante Erscheinung: Er besaß mehr Anzüge als jeder König, legte großen

Wert auf seine Socken und Hemden und fiel seiner Umgebung oft ziemlich lästig, weil er darauf bestand, das Waschen dieser Stücke zu überwachen.

Samoots besuchte seinen Lieblingsbarbier, bei dem er sich oft aufhielt. Ein Dutzend Kunden befanden sich im Salon, während Samoots, zurückgelehnt auf seinem Stuhl, dem Barbier wortreich erklärte, wie die Rasur stattzufinden hatte. Als das Handtuch über sein Gesicht gebreitet wurde, betraten zwei Männer, **Peter „Bummy" Goldstein** und Walter „Wallie" Quinlan, den Raum und setzten sich rasch neben die Tür.

Nach der Rasur ging Samoots zur Garderobe und war gerade mit seiner Krawatte beschäftigt, als er im Spiegel seine Feinde erblickte. Doch es war zu spät: Bevor er noch nach seiner Pistole greifen konnte, die er in einer speziellen, ledergefütterten Tasche trug, eröffneten Bummy und Wallie schon das Feuer, und Samoots fiel, von zwei Kugeln getroffen, sterbend zu Boden. Er war tot, bevor er seinen Krawattenknoten fertig binden konnte.

25. März 1926

Leon Liss, Barney Mortillaro, **Milton „Shuffles“ Goldberg**, **Louis Liss**, Pasquale Chicarelli und der Gangleader Richard Reese Whittemore (v.l.n.r.)
bei einer polizeilichen Gegenüberstellung nach ihrer Verwicklung in einen Überfall auf einen Juwelier in der West 48th Street.

Photo: Daily News

Oktober 1926

Charles Dion „Deanie“ O’ Bannion, der Bandenchef von Nord-Chicago, wird außerhalb der Holy Name Cathedral, 735 N. States Street, Chicago, ermordet.

20. Oktober 1926

Morrison-Hotel-Friedenskonferenz – Chicago wird unter rivalisierenden Schwarzhändlern aufgeteilt; während der nächsten zwei Jahre beseitigen Al Capone und Johnny Torrio die Genna-Brüder, Dion O’Bannion und Hymie Weiss dominieren die South Side, und Bugs Moran beherrscht die North Side.

3. November 1926

Herman „Hyman" Amberg, 24, Selbstmord durch Kopfschuss.

Hyman und seine Brüder **Louis „Pretty"** und **Joseph „Joey" Amberg** waren in den 20-er und 30-er Jahren die gefürchtetsten Gangster in den jüdischen Vierteln von Brooklyn. Hyman wurde 1926 wegen Mordes an einem Brooklyner Juwelier verhaftet und bis zur Verhandlung im Gefängnis „Tombs" in Manhattan inhaftiert. Am 3. November 1926 wagte er mit einem anderen Gefangenen einen bewaffneten Ausbruchsversuch. Sie kamen zwar bis zur Gefängnismauer, wurden dort aber von den Wachen in die Enge getrieben. Umstellt von Gefängniswärtern und Polizisten, beschließen beide Gefangenen, sich selbst zu erschießen.

März 1927

Eddie „Honey Boy" Fletcher und **Abe Axler**, zwei Mitglieder der berüchtigten *Purple Gang*, die von New York nach Detroit gekommen waren, mieten eine Suite im Milaflores-Apartmentgebäude in der 106 East Alexandria Avenue, Detroit. Diese wird als Treffpunkt ausgewählt, um einen Streit zwischen der Purple Gang und drei Exmitgliedern des berühmten St. Louis Mob, bekannt als die Eagan Rats, zu bereinigen.

Die drei Männer, **Frank „Frankie the Pollack" Wright**, **Reuben „Ruby" Cohen** und **Joseph „Joe" Bloom**, werden mit Maschinengewehren getötet. Über 100 Schuss durchlöchern dabei ihre Körper und das Apartment.

Als Mörder gelten mit ziemlicher Sicherheit Fred „Killer" Burke, Mitglied der Eagan Rats, **Phil Keywell** sowie sein jüngerer Bruder **Harry Keywell** und **George Lewis**, alle Mitglieder der *Purple Gang.*

29. Juli 1927, 3.30 Uhr

Erwin „Irvin" Shapiro (einer der gefürchtetsten Mörder der *Purple Gang*) wird von einer unbekannten Person vor der Nummer 2469 Taylor Ave, Detroit, Michigan erschossen. Er wird anhand seiner Fingerabdrücke identifiziert, die im Wayne-County-Leichenschauhaus abgenommen werden. Es wird angenommen, dass Shapiro von der Polizei umgedreht wurde und somit ein Spitzel war.

15. Oktober 1927, 20.30 Uhr

Jacob „Little Augie" Orgen, 33, erschossen von **Jacob „Gurrah" Shapiro** und **Louis „Lepke" Buchalter.**

Orgen war als Mithelfer bei Arbeitsniederlegungen während des 1. Weltkriegs in **„Dopey Benny" Feins** Organisation ausgebildet worden. „Dopey Benny" war in dieser Zeit der Hauptakteur auf dem Gebiet der Arbeitsmarktmanipulationen. Er arbeitete für beide Seiten, was den jungen „Little Augie" beeindruckte.

„Dopey Benny“ wurde 1915 von der New Yorker Polizei aus dem Rennen gezogen, und während der nächsten vier Jahre herrschte Ruhe auf dem Arbeitsmarkt. 1919 hatte „Little Augie“ sein Comeback und gründete eine eigene Gang namens „The Little Augies“. 1923 hatten sie Mitglieder wie den jungen Louis „Lepke“ Buchalter und seinen gorillagroßen ständigen Begleiter Jacob „Gurrah“ Shapiro, außerdem den aufstrebenden Gangster Jack „Legs“ Diamond. Nachdem **Nathan „Kid Dropper“ Caplin** auf Geheiß von „Little Augie“ umgebracht worden war, wurde dieser der Herrscher über den New Yorker Arbeitsmarkt.

Auf Anraten von **Arnold „The Brain“ Rothstein** erklärte „Lepke“ „Little Augie“, dass sie ihre Taktik ändern und die Gewerkschaften unterwandern müssten, um diese so kontrollieren zu können. „Little Augie“ war nicht überzeugt, er wollte an den alten Methoden festhalten.

„Lepke“, der mit großem Weitblick auf ein beständiges eigenes Imperium hinarbeitete, erkannte, dass „Little Augie“ ihm nur noch im Wege stand. Als Jacob „Little Augie“ Orgen und sein neuer Partner und Leibwächter „Legs“ Diamond im Oktober 1927 die Lower Manhattan Street entlang gehen, fährt ein schwarzer Sedan

17. Oktober 1927

Die Leiche des Gangsters **Jacob „Little Augie“ Orgen** wird vom Bestattungsunternehmen aus dem Leichenschauhaus geholt.

Photo: Daily News

heran. Im Wagen befinden sich „Lepke“ Buchalter und Jacob „Gurrah“ Shapiro. Letzterer hält eine Pistole in der Hand. Lepke gibt das Kommando: „Nur Little Augie“, Gurrah springt auf den Gehsteig und ruft: „Geh zur Seite, Diamond!“; „Legs“ wirft sich instinktiv vor und bekommt eine Kugel durch seine Schulter. Hätte er seine Waffe nicht gezogen, wäre er nicht angerührt worden. „Little Augie“ steht wie angewurzelt und wird durch einen Kopfschuss getötet.

Sein Vater, ein äußerst religiöser Jude, bestellte eine Sargplakette mit der Aufschrift: Jacob Orgen, 25 Jahre“

„Little Augie“ war in Wirklichkeit bereits 33, aber für seine Familie war er seit 1919 tot, dem Jahr, in dem er zum Verbrecher wurde. „Lepke“ und „Gurrah“ setzten ihr Werk, die Manipulationen des Arbeitsmarktes, fort.

17.Oktober 1927

Der Gangster **Jacob „Little Augie“ Orgen**
wird vor den Augen seiner trauernden Mutter auf dem Friedhof
Mount Judah in Queens, New York, begraben.

Photo: Daily News

9. November 1927, 10.15 Uhr

Der Sänger und Komödiant **Joe E. Lewis** (eigentlich **Joseph Klewan**) wird in einem Chicagoer Hotel brutal attackiert und lebensgefährlich verletzt.

Der jüdische Tenor und Komödiant Joe E. Lewis (Joseph Klewan) war in den 1920-ern und später von den 40-ern bis zu den 60-ern erfolgreich. Seine Karriere begann in den Zwanzigern, er trat in Kabaretts in Chicago auf, etwa in den Green Mill Gardens, einem populären Treff für Gangster und junge Talente. Berühmtheiten wie Charlie Chaplin, **Sophie Tucker**, **Eddie Cantor**, Texas Guinan und nicht zuletzt Al „Scarface" Capone frequentierten diesen Club, der auch heute noch existiert.

Zu der Zeit, als Lewis dort auftrat, wurde der Club teilweise von Jack McGurn (kein Ire, sondern Italiener mit dem echten Namen James Vincenzo DeMora) geführt, einem von Al Capones liebsten Schlägern und Leibwächtern. Lewis wurde eine Verdiensterhöhung angeboten, so er Green Mill verlassen würde. Im Green Mill verdiente er 650 Dollar in der Woche, und nun wurden im 1.000 Dollar angeboten plus einem Prozentanteil an den Einnahmen im neu eröffneten „The New Rendezvous Café" an der Chicago Northside. Joe war glücklich, von Green Mill wegzukommen, da sein Vertrag ohnehin auslief. Der Boss von Green Mill, McGurn, riet ihm zu bleiben, sonst ...

Am 9.11.1927 um 22.15 Uhr stürmten drei bezahlte Mörder in Joe Lewis' Hotelzimmer (Commonwealth Hotel, 2757 Pine Grove Avenue, Chicago). Einer hielt Lewis fest, während die beiden anderen mit ihren Pistolen auf seinen Kopf einschlugen. Sie schlugen so hart, dass Knochenteile in sein Gehirn eindrangen. Während er immer noch hochgehalten wurde, schlitzte der dritte Gangster Lewis' Gesicht und Kehle mit einem Jagdmesser auf, schnitt ein Stück der Zunge ab und hinterließ zwölf Schnitte in seinem Hals. Blut schoss hervor, als Lewis gurgelnde Laute von sich gab.

Als die drei Gangster das Hotelzimmer verließen, waren sie sicher, dass Lewis tot war. Er schaffte es jedoch noch, auf den Gang zu kriechen. Das Zimmermädchen, das Lewis kannte, dachte, es sei einer seiner Scherze. Letztendlich wurde er von einer Ambulanz ins nächste Krankenhaus gebracht. Die ungeschickten

Mörder traf es selbst, der Mann, der Lewis‘ Gesicht und Kehle aufschlitzte, wurde sechs Tage nach der Schlächterei „sehr tot“ in einer Kalkgrube gefunden, und die zwei anderen überlebten auch nur ein paar Monate, bevor sie in einer Chicagoer Gasse erschossen wurden.

Lewis brauchte Jahre, um wieder sprechen zu lernen und sein Selbstvertrauen wiederzufinden. Nach vielen erfolglosen Auftritten ließ er seinen burlesken Vaudeville-Gesang hinter sich und blieb bei Kabarettabenden. Seine Blütezeit war in den 40-ern, 50-ern und 60-ern, er trat oft in Las Vegas auf und traf sich mit Berühmtheiten wie **Milton Berle**, Red Skelton und Frank Sinatra. Frank Sinatra war der Star in einem Film, der auf Joe Lewis’ Leben basierte - Titel: „The Joker Is Wild“. Der Film wurde nach dem gleichnamigen Buch von Autor **Art Cohn** gedreht.

Lewis wurde zum Trinker und Spieler. Er starb 1971 im Alter von 69 an einem Schlaganfall.

Begraben am Cedar-Park-Friedhof, Paramus, Bergen County, New Jersey. Parzelle: Block 14B, 56-W, 455

19. April 1928

Charlie Birger (geboren **Shachnai Itzik Berger**) bekannter Schwarzhändler, wird wegen des Mordes an dem Bürgermeister von West City, Missouri gehängt.
Birger wird für den direkten oder indirekten Mord an mindestens einem Dutzend Personen verantwortlich gemacht. Eines der Opfer war ein lokaler Ku-Klux-Klan-Führer.

Charlie Birger hatte den Preis für seine Beteiligung am Mord an Joe Adams, Bürgermeister von West City, bezahlt, der in der Nacht des 12.12.1926 von zwei von Birgers Gangstern erschossen worden war, die zuvor an seiner Haustür geklingelt hatten. Birger wurde um 9.45 Uhr aus seiner Zelle geführt. Er ging unbegleitet den kurzen Weg zum Schaffott. Oben auf der Holzkonstruktion angekommen, winkte er zum Abschied der großen Menschenmenge zu, die sich versammelt hatte, um den berüchtigten Gang-Anführer in seinen letzten Erdenminuten zu sehen. Sheriff Pritchard trat auf ihn zu und sprach ein paar Worte. Birger tat unbekümmert, aber sein Gesicht war angespannt.

In der Mittwochnacht vor seiner Erhängung hatte Birger kein Auge zugemacht. Bei Tagesanbruch wurde er gefragt, ob er etwas essen wollte. „Ja, ihr könnt mir eine gute Dosis Karbolsäure geben," war seine Antwort. Als die Zeit gekommen war, zum Galgen zu gehen, riss sich der Gangsterboss zusammen, als ob es ihm eine große Anstrengung bedeutete, winkte jede Begleitung ab und erklomm die Stufen zum Schaffott alleine.

Birger rief nach G. Phil Hanna, Henker aus Epworth, der in seiner Laufbahn bereits 60 Exekution vollzogen hatte. Hanna trat zu dem verurteilten Gangster, klopfte ihm auf die Schulter und sprach diesem für seine letzten Lebensminuten tröstende Worte zu. In der anderen Hand hielt er bereits die Schlinge, die den Gangster ins Jenseits befördern sollte. Er legte sie um Birgers Hals, und eine Kutte wurde um den schmalen Körper des Verbrechers gehängt. Die Falltüre wurde um 9.48 Uhr betätigt, und man erklärte Birger um 10.03 Uhr für tot.

Charlie Birger hatte erwiesenermaßen drei Menschen getötet. 15 weitere, darunter eine Frau, starben in der Fehde zwischen den Gangs von Birger und den Shelton-Brüdern. Es gilt als sicher, dass Birger die Ermordung von mindestens zwei weiteren Männern anordnete. Frau E. Aaron, Birgers erste Ehefrau, hatte den Verurteilten gefragt, ob er auf dem Schaffott noch eine Ansprache halten wollte. Birger meinte, er würde vor seinem Abgang noch eine ordentliche Schimpftirade auf alle ablassen. Frau Aaron war mit ihrem Ehemann aus Portland, Oregon angereist, um der Exekution beizuwohnen und die Leiche zum Begräbnis nach St. Louis zu begleiten. In letzter Minute unterzeichnete Birger noch einen Vertrag über die Veröffentlichung seiner Lebensgeschichte, die er seit der Verhängung der Todesstrafe niedergeschrieben hatte.

Folgende Personen aus Carmi wohnten der Exekution bei: Sheriff Grissom, Hilfssheriff Phillips, stellvertretender Staatsanwalt Kenneth Pearce, Bezirksbeamter Clyde P. Stone, W.S. Rice, R.O. Clemens, T.W. Hall, Harry und Hick Hanna, B.L. Patrick, John Brown, Newt Arbaugh, Lawrence Brown, Chalon Morgan, Othel Brown, Guy Pomeroy, Lizzie Barnes und Martha Lichtenberger.

Begraben am Chesed-Shel-Emeth-Friedhof, in der Nachbarschaft von St. Louis, University City.

19. April 1928

Charlie Birger,
bekannter Schwarzhändler, wird wegen des Mordes an dem Bürgermeister von West City, Missouri gehängt.
Birger wird für den direkten oder indirekten Mord an mindestens einem Dutzend Personen verantwortlich gemacht.

Photo: Daily News

Ich werde Euch von einem Gangster in einem großen Staat des Mittleren Westens erzählen, der seine Lektion erst lernte, als es zu spät war. Er war rücksichtslos und waghalsig und Anführer einer eigenen Gang, aber das half ihm nicht, als das Gesetz befahl, dass er hängen müsste.

Sein Name war Birger, er wohnte in Shady Rest, und im gesamten Mittleren Westen lehrte er die Leute das Fürchten. In der alten Weststadt wurde Joe Adams niedergeschossen, und der Ruf nach Gerechtigkeit war zu hören: „Man muss die Mörder finden!" Dan Thomasson wurde verhaftet, konnte aber die Beweise gegen sich widerlegen. Charlie Birger wurde schuldig gesprochen, denn er hatte keine Verteidigung. Er bat darum, noch einmal angehört zu werden, aber dies wurde abgelehnt. Im Bezirksgefängnis versuchte er, sich das Leben zu nehmen.

Am 19. Tag des Aprils im Jahr 1928 ereilte Charlie Birger weit westlich in Benton sein Schicksal. Ein weiteres Leben ist beendet worden, ein Kapitel abgeschlossen. Ein weiterer Mann hat bei dem Spiel mitgesetzt, bei dem es keine Gewinner gibt.

Die heilige Schrift zeigt uns den geraden und schmalen Pfad. Wenn wir diesem nicht folgen, werden wir eines Tages dafür bezahlen müssen. Wir müssen alle dem Herrn entgegentreten und dem jüngsten Gericht beiwohnen, und dort begreifen wir, was es heißt, sein Haus auf Sand zu bauen.

Bemerkung: Erstmals von Vernon Dalhart aufgenommen; Carson Robinson zugeschrieben; könnte auch von Blind Andrew Jenkins geschrieben worden sein.

Der liebenswerte Birger

Unten im grünen Land, wo der Große Schlammige Strom fließt,
vor nicht allzu langer Zeit,
fürchteten sich die Menschen vor einer Bande von Gesetzlosen,
die das Blut vieler fließen ließen.
Charlie Birger war gutaussehend und stark
und bezauberte fast alle, die ihn kennenlernten;
aber er war auch skrupellos und schlecht
und machte mehr als eine Frau zur Witwe.

Es gab in diesem schönen Land auch einige,
die nicht von ihm beeindruckt waren.
Einer war ein Prediger, der wusste, dass die, die Birger folgten,
Schaden nehmen würden.
Für ihn gab es für Erpressung und Mord keine Entschuldigung.
Und wer wegsah, würde trotzdem nicht in Sicherheit leben.

Dann traf Birger auf einen Sheriff,
den er nicht bestechen konnte.
Also schickte er seine Männer aus,
um den Sheriff zu erschießen.
Zwei schöne Mädchen gingen vorbei,
als die Mordtat begangen war,
und die Gesetzlosen lächelten und grüßten,
weil sie meinten, Gewinner in diesem Spiel zu sein.

Die beiden Mädchen wussten,
dass sie die Mörder gesehen hatten.
Aber niemand in diesem grünen Land hätte sagen können,
wozu die Gangster nicht fähig wären.

Die Mädchen und die Männer waren gute Freunde
aus Kindertagen,
aber das eine Mädchen, die Tochter des Predigers,
wusste Gut und Böse zu unterscheiden.

Niemals könnte sie den Mord ungesühnt lassen,
nur weil sie sich fürchtete.
Sie wollte aufstehen für die Gerechtigkeit und Zeugnis ablegen.
Also erzählte die Predigerstochter, was sie gesehen hatte,
und riskierte mit der Wahrheit ihr Leben.
Und der liebenswerte Birger wurde für alle seine Schandtaten
auf dem Gerichtsplatz gehängt.

April 1928

Samuel „Sam“ Polakoff, Vizepräsident der Reinigungs- und Färbergesellschaft, Detroit, wird tot in seinem Auto gefunden, brutal mit einem Hammer erschlagen.

11. Oktober 1928

Peter „Bummy“ Goldstein und sein unzertrennlicher Kumpel Walter „Wallie“ Quinlan starben so, wie es ihrem Leben als Entführer, Terroristen, Schläger und Mörder im berüchtigten Old Valley District entsprach. „Bummy“ wurde in einer Drogerie, die er im Valley als Tarnung für seine weniger harmlosen Aktivitäten betrieb, fachgerecht mit einer Pistole erschossen. „Wallie“ wiederum wurde in einem Saloon abserviert, kurz nachdem er zusammen mit „Bummy“ in einem Barbiersalon „Samoots“ Amatuna, den Leutnant des Genna-Clans, erschossen hatte.

15. Oktober 1928, 7.00 Uhr früh

Joe „Joey“ Noe, 25, **Dutch Schultz**’ engster Partner, wird in der West 54th Street Sixth Avenue aus einem blauen Cadillac heraus erschossen. Joey Noe, der nahezu immer eine kugelsichere Weste trug, wird in die rechte Brust, das untere Rückgrat und die linke Hand getroffen. Er stirbt infolge des Blutverlustes.

15. Oktober 1928, 8.00 Uhr früh

Ein blauer Cadillac ohne Fahrertür wird in der Lower East Side gefunden. Auf dem Rücksitz liegt der erschossene **Louis Weinberg** alias Jacob Kaufman alias Benjamin Greenberg. Die Polizei stellt bald fest, dass dieser Mann die Schüsse auf Joey Noe abgefeuert hatte.

16. Oktober 1928

Erfolgloser Versuch von Leo Mongoven und Frank Foster, zwei Gangstern aus der North Side von Chicago, den Ex-Gauner **Abraham „Abe" Cooper** zu erpressen, der aus dem Milieu ausgestiegen und Makler geworden war. Abe ließ sich jedoch nicht einschüchtern, und als die beiden ihn für eine „Ausfahrt" in ein Auto zu drängen versuchten, das in der LaSalle Street geparkt war, zog er plötzlich einen Revolver und begann zu schießen. Frankie Foster konnte im Menschengetümmel untertauchen, doch Leo Mongoven fiel schwer verletzt auf den Gehsteig.

Dieser Vorfall ist ein Beispiel dafür, was Gangstern blühte, die versuchten, auszusteigen und ein anständiges Leben zu führen. Cooper war einer der wenigen, der seine neue Position verteidigen konnte, doch nur mit Hilfe seines guten alten „Schießeisens".

4. November 1928

Am Sonntag um 22.53 Uhr wird folgende Nachricht von einem diensthabenden Sergeanten in Manhattans 47th Street aufgenommen: „Angeschossener Mann im Park Central Hotel gemeldet worden, 7th Avenue und 56th Street, Ambulanz wurde geschickt."

Die Information wurde um Mitternacht dahingehend ergänzt, dass **Arnold „The Brain" Rothstein**, 46 Jahre alt, 912 Fifth Avenue, in den Unterleib geschossen und nahe des Personaleingangs des Park Central Hotel gefunden wurde. Rothstein wurde zur New Yorker Poliklinik und dort in den Operationssaal gebracht.

Die Kugel, die entfernt wurde, trat oberhalb der Leistengegend ein und verletzte abwärts eine Arterie. Rothstein hatte innere Blutungen. Als er den Operationssaal verließ, lag er im Koma.

Rothsteins Brüder **Jack** und **Edgar** wurden zusammen mit Arnolds Frau, Carolyn Rothstein, ins Spital gerufen. Rothstein bekam eine Bluttransfusion und Morphium gegen die Schmerzen.

Er kam Montag Morgen wieder zu Bewusstsein und sagte seiner Frau, dass er nach Hause gehen wolle. Während des Tages unterzeichnete Rothstein ein von seinem Anwalt aufgesetztes Testament und sprach mit mehreren Freunden. Als die Polizei wissen wollte, wer auf ihn geschossen hätte, meinte er: „Ich werde mich selber darum kümmern." Am späten Nachmittag wurde es Carolyn nochmals erlaubt, ihn zu sehen. Er wiederholte seinen Wunsch, nach Hause gehen zu dürfen, und sagte ihr: „Geh nicht weg, ich will nicht allein sein, ich halte es alleine nicht aus." Als er versuchte aufzustehen, fiel er neuerlich ins Koma. Rothstein erwachte nicht mehr und starb am folgenden Morgen gegen 10.20 Uhr, Wahltag, 6. November 1928.

7. November 1928

Begräbnis **Arnold „The Brain“ Rothstein**

Photo: Corbis

24. Jänner 1929

Harry Dreitzer, 22, **Isadore Helfant**, 20, und **Israel Fisher**, 21, werden auf dem elektrischen Stuhl in New York hingerichtet Gemeinsam mit **Samuel Krassner**, der das Auto fuhr, als Wachmann J. Kelly beim Überfall auf **Irving Zolleis**' Drugstore in Brooklyn ermordet wurde, werden sie verurteilt. Zur Todeszelle werden die Delinquenten von dem jüdischen Gefängnisseelsorger Rabbi Jacob Katz begleitet.

14. Februar 1929, Valentinstag-Massaker, 10.30 Uhr

Sieben Mitglieder der *Bugs Moran Gang* werden angeblich von Mitgliedern der *Al „Scarface" Capone Gang* in Chicago erschossen. Nicht weniger als 200 Schuss werden in acht Minuten abgefeuert.

Capone macht Urlaub in Florida, als die Schützen, drei Männern in Chicagoer Polizistenuniform folgend, sieben Gangster entlang der Wand der Garage 2122 North Clark Street Aufstellung nehmen lassen. Als die vermeintlichen Polizisten zurücktreten, entladen die Schützen ihre Maschinengewehre in die Rücken der nichtsahnenden Mitglieder der Moran Gang. Einer der Männer ist der Automechaniker, der in der Garage arbeitete.

Capones wirkliches Ziel war George „Bugs“ Moran, der erst später zur Garage kam. Sechs der Opfer starben sofort, ein siebenter, Frank Gusenberg, überlebte einige Stunden und erklärte auf seinem Totenbett: „Capone hat es getan!“ Einer der Ermordeten war der jüdische Chicagoer Gangster **Alfred L. „The Gorilla“ Weinshenker**, 35 Jahre alt.

Es gab das Gerücht, dass die Hinrichtung der Moran Gang an diesem Tag in der North Clark Street einer Entführung von Capones Lieferung von „Old Log Cabin Canadian“-Whisky gefolgt war. Die Lieferung des Whiskys erfolgte durch die Purple Gang. Eine andere Geschichte besagt, dass der Boss der Purple Gang, **„Abe“ Bernstein**, den Anschlag arrangierte, indem er George „Bugs“ Moran am Tag vor dem Überfall anrief und eine Alkohollieferung in der Garage vereinbarte, in der Hoffnung, dass Moran selbst die Lieferung übernehmen würde.

15. Februar 1929

Am Morgen nach dem Valentinstag-Massaker.

Sieben Mitglieder der O'Banion/ Moran (North Side) Gang wurden in einer Garage in einen Hinterhalt gelockt, gegen die Wand gestellt und mit abgesägten Schrotflinten erschossen.

Photo: Corbis

Juni 1929

Calvin Goddard richtet das erste Kriminallabor in den USA ein, bekannt als die „Laboratory Corp.“ an der Northwestern Universität, Chicago bis 1930.

27. Juli 1929

Die Leiche von **Irving Shapiro**, 25, einem Mitglied der Detroiter Purple Gang, wird in 2463 Taylor Street in Detroit aufgefunden. Shapiro (nicht zu verwechseln mit Irving Shapiro von den New Yorker Shapiro-Brüdern) wurde 1904 in Detroit geboren und war einer der Purples, die 1928 wegen Erpressung angeklagt, aber freigesprochen wurden – das Verfahren stand im Zusammenhang mit dem „Cleaners and Dyers War“, der Kampf um die Kontrolle des Textilreinigungsgeschäfts. Danach war er mehr auf eigene Faust unterwegs. Er wurde zu einer „Ausfahrt“ abgeholt und wegen des Erlöses einer von ihm organisierten Entführung ermordet.
Begraben am Machpelah-Friedhof, Ferndale, Oakland County, Michigan.

13. September 1929

Leo Cymes, Besitzer eines großen Pelzwarengeschäfts in New York, verschwindet.

28. Oktober 1929

Zsygmund „Ziggie“ Selbin, 22, Mitglied der Detroiter Purple Gang, wird 8833 Ecke 12th Street, Detroit, Michigan um 12.30 Uhr erschossen.

1. Februar 1930

Julius Rosenheim, ein als Spitzel verdächtigter Chicagoer Journalist, wird von Al Capones Männern erschossen und in eine Schneewächte in der Nähe seines Hauses geworfen.

1. Februar 1930

Das wissenschaftliche erkennungsdienstliche Labor („Scientific Crime Detection Lab“) wird von **Samuel Insull** und **Julius Rosenwald** gegründet. Die beiden gehören zu den „Secret Six“. Diese Geheimen Sechs der Chicagoer Verbrechenskommission beschließen am 5.2.1930, gegen Capone vorzugehen.

Der Zusammenschluss von örtlichen und Bundeskräften wird von Alexander Jamie geleitet, einem höheren Beamten der Prohibitionsbehörde in Chicago (Elliot Ness, sein Schwager, spielte nur eine untergeordnete Rolle bei der Aktion, die später im gemeinsam von ihm und Oscar Fraley geschriebenen Buch „The Untouchables“ (Die Unbestechlichen) übertrieben dargestellt wurde). Unterstützt wurden die Secret Six von Elmer Irey und Frank Wilson vom Schatzamt sowie von dem verdeckten Ermittler Pat O’Rourke. Die Secret Six waren: Frank Loesch (Leiter der Chicagoer Barvereinigung), Samuel Insull (Besitzer der Commonwealth and Edison Power Co.), Julius Rosenwald (Vorsitzender von Sears), Robert I. Randolph (Präsident der Handelsvereinigung), Edward Gore, George Paddock.

21. April 1930

Frank Klayman, Mitglied der Purple Gang, stirbt bei einem Brand in der Ohio-Strafanstalt.

24. April 1930

Henry Chamberlain erstellt die erste „Public Enemies"-Liste für die Chicagoer Kriminalkommission: Joe Aiello, der sizilianische Anführer der Morgan Gang, ist die Nummer Eins auf der Liste, Al Capone ist Nummer 4 und sein Bruder Ralph Capone die Nummer 5 von 28 Chicagoer Gangstern.

30. April 1930

Isidor "Harry" Block, 43, Gangster, wird erschossen.

Um 3.00 Uhr früh bestiegen Block und seine Frau den Aufzug ihres Appartementgebäudes in der 173 W. 73rd Street in Manhattan. Block wurde von zwei Gangstern erschossen; seine

Frau und der Fahrstuhlführer wurden nicht verletzt.

Isidor „Harry“ Block war Nachtclubbesitzer, Schwarzhändler und Spieler, er operierte außerhalb von New York City und New Jersey und war finanziell am Cotton Club in Harlem beteiligt.

31. Mai 1930 – 23. Juli 1930

Nach den Fischmarkt-Morden in Detroit sterben 14 Männer als Resultat von Schusswechseln zwischen rivalisierenden Banden, mindestens elf Männer werden in den ersten zwölf Tagen des Juli 1930 ermordet. Zeitungen berichteten von dem Gemetzel als „Bloody July“ (blutiger Juli).

9. Juni 1930

Jack Lingle, ein vom Mob kontrollierter Reporter, der für die Chicago Tribune arbeitet, wird in der Illinois Central Station erschossen.

Lingle arbeitete offiziell für die Tribune, stand aber bekanntermaßen auf der Gehaltsliste von Al Capone. Lingle gab einmal an: „Ich habe den Preis für Bier in dieser Stadt festgesetzt!" Capone akzeptierte zwar Lingles Prahlerei und Extravaganz, aber nicht dessen Betrügereien. Lingle nahm 50.000 Dollar von Capone, um Hunderennen zu manipulieren, aber er lieferte Gewinne niemals ab. Capone schenkte Lingle eine mit Diamanten besetzte Gürtelschnalle, die dieser trug, als sein Leichnam gefunden wurde. Über Lingles Tod befragt, antwortete Capone: „Jack war ein guter Freund von mir."

3. Juli 1930

Gangster **William Cannon** und George Collins werden in einem geparkten Auto vor dem LaSalle Hotel, Detroit erschossen. Der Dritte im Auto, **Mike Stitzel**, überlebt den Anschlag.

16. Juli 1930

David Ovshtein, 20, ein Mitglied der Detroiter Purple Gang, wird erschossen in einer engen Seitengasse in 5911 Huber Street aufgefunden. Ovshtein wurde 1910 geboren und wuchs

gemeinsam mit vielen anderen Mitgliedern der Purples im North End von Detroit auf. Nach einer zweijährigen Haftstrafe in der Besserungsanstalt von Ion geriet er wieder auf die schiefe Bahn. Ovshtein wurde der zweifelhafte Ruhm zuteil, das zehnte Mordopfer im Zusammenhang mit Bandenaktivitäten innerhalb von 12 Tagen zu sein – der Monat ging als „Blutiger Juli“ in die Annalen der Stadt ein.
Begraben am Workmen-Circle-Friedhof, Clinton Township, Macomb County, Michigan.

31. Juli 1930

John U. Zuta (geb. **Jacob Zoota**), 42, wird in Wisconsin ermordet.

Ein Mann steigt unter dem Namen J.H. Goodman aus Aurora, Illinois in einem Hotel am Ufer des Upper Namahbin Lake in der Nähe von Milwaukee, Wisconsin ab.

Am Abend des 1. August vergnügen sich Paare beim Tanz. J.H. Goodman unterhält sich damit, den Tänzern zuzuschauen.

Er wirft Nickel in die Jukebox und spielt die Hits des Tages. Der ausgewählte Titel beginnt: „Good for me, bad for you“. Als er vor der Jukebox steht, öffnen sich die Türen, und fünf Männer mit Gewehren, Pistolen und Maschinengewehren kommen herein. Der Hotelbesitzer fragt, ob das ein Scherz sei, als die Gäste aufgefordert werden: „Hände hoch oder ihr werdet getötet“. Der Anführer versichert den Leuten, dass es ernstgemeint sei. Als die Männer die Tanzfläche erreichen, wirft Goodman gerade einen weiteren Nickel in die Jukebox. Als er sich umdreht, trifft eine Kugel seinen Mund, er versucht zu fliehen, aber mehrere Ladungen treffen seinen Kopf, Brust und Rumpf. Goodman sinkt auf die Knie und fällt um. Die Schützen steigen ungerührt über seinen reglosen Körper und feuern weitere Schüsse auf den bereits Toten ab.

Den Namen J.H. Goodman nahm John U. Zuta an, als er Al Capones Männern in Chicago entkam. Al Capones Verbündeter Danny Stanton zog sicher den Abzug, zusammen mit anderen, gegen John Zuta. Sein 38-er Revolver wurde während einer Festnahme konfisziert und von Calvin Goddard ballistisch getestet. Eine aus Zutas Leiche entfernte Kugel wurde mit dieser Waffe abgefeuert. Der Chicago Herald and Examiner veröffentlichte diese Tatsache vorab und verdarb dadurch den Überraschungseffekt, den die Staatsanwaltschaft gegen Stanton verwenden wollte (sie hatte geplant, ihn damit im Gerichtssaal zu konfrontieren). Stanton sollte als Zutas Mörder nach Wisconsin ausgeliefert werden, aber seine Anwälte kämpften erfolgreich dagegen an.

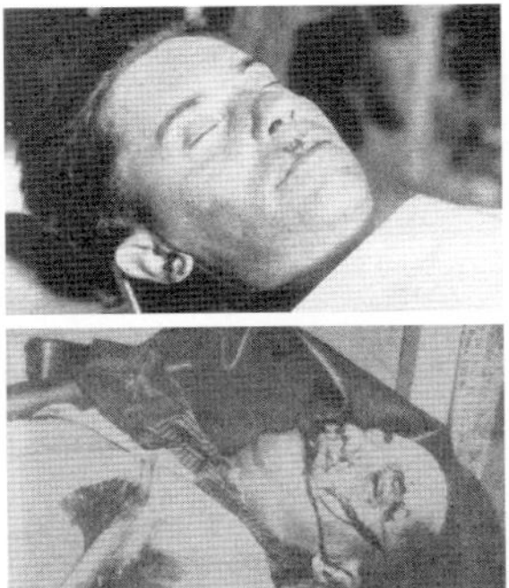

Jack Zutas Leiche

Photos: Chicago Police Dept.

25. Oktober 1930, Kansas City

Solomon „Solly" Weissman wird vom Geschäftsführer des General News Bureau, Inc., erschossen, weil er sich erdreistet hatte, die Aktivitäten dieses riesigen landesweiten Glücksspielmonopols zu hinterfragen, das vom General News Bureau, Inc., Chicago, Illinois, beherrscht und gesteuert wurde.

1930

Charles „King" Solomon, der „König" des Bostoner Syndikats und Lanskys Rivale während der Prohibitionszeit, wird erschossen.

Lansky hatte erkannt, dass nach Beendigung der Prohibition das Geschäft mit der Kontrolle von legalen Alkoholimporten zu machen war. Sein natürlicher Gegner war Charles „King" Solomon aus Boston, der einen großen Anteil des Scotch-Whisky-Imports kontrollierte. Dieser Umstand wurde durch seinen Mord korrigiert, und bald darauf, während der frühen 1930er Jahre, stieg

Lansky in der jüdischen Mafia, seiner ethnischen Schöpfung, auf. Er wurde neben den Lucianos zu einer dominanten Figur des organisierten Verbrechens.

1930

Es entsteht der erste Gangsterfilm, „Little Cesar" mit **Edward G. Robinson** als Cesar Enrico Bandello in Chicago in der Hauptrolle. Gegen Ende 1931 wurden über 50 Gangsterfilme produziert, darunter „Public Enemy" mit Jimmy Cagney in seiner ersten Filmrolle als Tommy Powers, basierend auf der Lebensgeschichte der Chicagoer Gangster **Samuel „Nails" Morton** und Dion O'Bannion. Der Film „Scarface" mit **Paul Muni** in der Rolle des Al Capone war der blutigste mit 43 Morden auf der Leinwand (einige lokale Zensoren hatten die blutigsten Szenen gestrichen). Diese und Filme aus dem Gefängnismilieu, wie „Big House" und „20,000 Years at Sing Sing" wurden wegen Verherrlichung der Kriminalität kritisiert.

24. Jänner 1931

Charles „Chink“ Sherman wird dreimal angeschossen. Er wird in die Nase, Brust und in den rechten Arm getroffen. Zehnmal wird ihm mit einer abgeschlagenen Bierflasche ins Gesicht geschlagen.

All das passierte im Abbey Club im ersten Stock des Harding-Hotels auf der 54th Street nach einem heftigen Streit zwischen „Chink“ Sherman und seinen Männern und **Dutch Schultz**, **„Marty“ Krompier** und Carney, einem Verbündeten. Die Szene spielte sich vor 80 Gästen ab; „Chink“ Sherman überlebte und lebte noch vier Jahre bis zum Sommer 1935.

3. Februar 1931

William E. Potter, Stadtrat aus Cleveland, Ohio City wird von Unbekannten ermordet.

Es war einer der sensationellsten Straftaten von Cleveland, offiziell ist sie noch immer ungeklärt. Viele Informationen sind in Besitz von Polizei, Politikern und Journalisten und wurden nie veröffentlicht, weil sie ohne Beweise Verleumdungen darstellen würden. Eindeutige Beweise wurden jedoch nie erbracht.

Moe Davis (alias **Moe Dalitz**) und **Lou Rothkopf** waren auf jeden Fall Schlüsselfiguren im offiziellen Versuch, Potters Mörder zu finden. Beide, Davis und Rothkopf, waren mit dem Hauptverdächtigen **„Pittsburgh Hymie“ Martin** nur wenige Stunden vor dem Mord zusammen. Moe Davis war bei Martin bis eine Stunde vor seiner Festnahme wegen Mordverdachts an Potter. Beide, Davis und Rothkopf, verschwanden nach Potters Tod, wurden gestellt, aber nach der Befragung freigelassen.

15. März 1931

Al Medrich wird von einem anderen Gangster angeschossen und aus einem sechsstöckigen Gebäude geworfen. Seine Leiche wird hinter einer Synagoge in 104 Attorney Street in New York gefunden.

9. April 1931

Gangster **Sam „Chowderhead“ Cohen**
posiert für die Presse
in einer New Yorker Polizeistation

Photo: Daily News

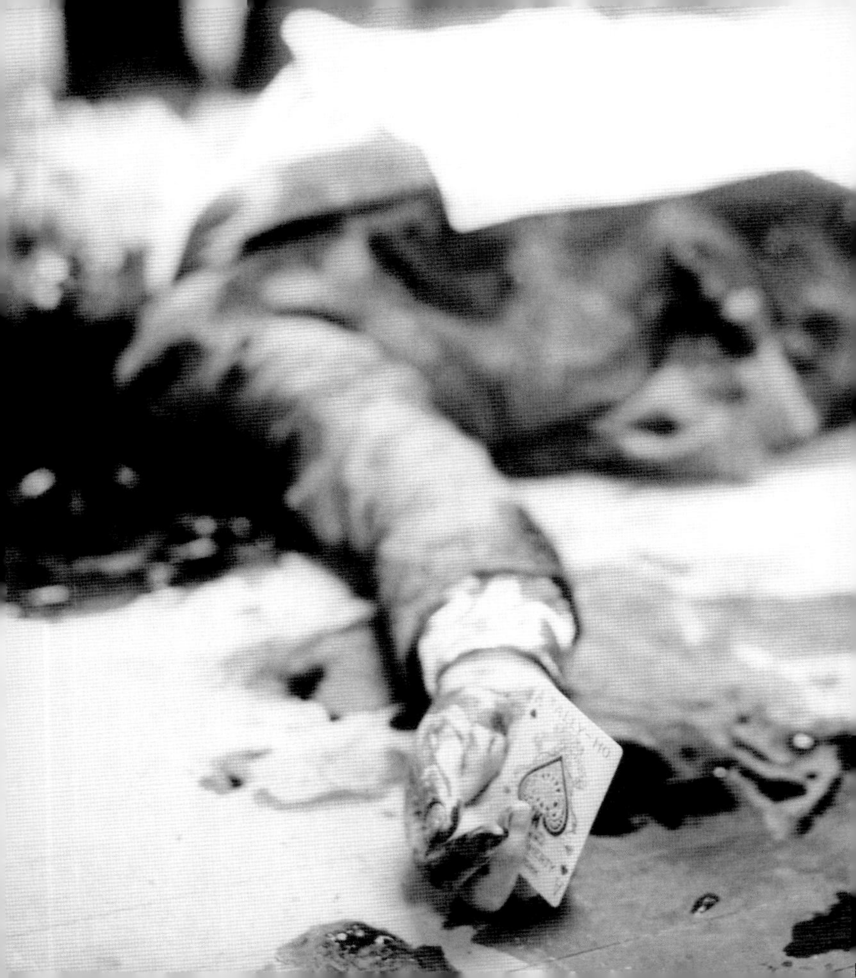

15. April 1931

Joe „The Boss“ Masseria wird in einem Restaurant auf Coney Island ermordet.

Die Täter waren Joe Adonis, Vito Genovese, Albert Anastasia, Ciro Terranova und **Benjamin „Bugsy“ Siegel**. Lucky Luciano, welcher die Falle für Masseria stellte, ging auf die Restauranttoilette und machte damit den Weg für das Tötungskommando frei.

Die Leiche des führenden Unterweltlers
Joe „The Boss“ Masseria.
In der Hand hält er eine Spielkarte: das Pik-Ass,
das in der Unterwelt als Symbol des Todes gilt.
Im Gangster-Slang bedeutet „Pik-Ass“ auch Witwe.

Photo: Corbis

30. April 1931

Zwei junge Burschen finden den verkohlten Torso von **Mike „de Pike“ HEITLER** in den rauchenden Trümmern eines Hauses in einem Vorort von Chicago.

Mike „de Pike“ Heitler, ein Zuhälter und Bordellbesitzer, dessen Karriere fast ein halbes Jahrhundert umspannte, war der „große alte Mann“ des horizontalen Gewerbes. Angeblich war er der Erste, der Sex quasi am Fließband anbot.

Heitler konnte jahrzehntelang mehr oder weniger unbehelligt vom Gesetz agieren, doch als Torrio und Capone – von **Jake „Greasy Thumb“ Guzik** überredet – das gesamte Prostitutionsgeschäft in und um Chicago unter ihre Kontrolle brachten, hatte Heitler nur die Wahl, entweder als bezahlter Handlanger Capones weiterzumachen – oder für „out“ erklärt zu werden.

Capone legte seine Bordellgeschäfte mehr und mehr in die Hände von „Greasy Thumb“ Bruder **Harry**, und Heitler begann, bei der Polizei über die Machenschaften von Capone/Guzik zu

„singen“. Damit war sein Schicksal besiegelt, und binnen kurzer Zeit waren „de Pike“ und seine Rolle in der weißen Sklaverei in Chicago nur mehr Geschichte.

6. Juni 1931

Polizeirazzia in einer von Frankie Pope betriebenen Spielhölle.

Photo: Daily News

6. Juli 1931

Charles Entratter wird tot im Büro der Flaschenfabrik G. Wilkenfeld & Co., 34 Division Place, New York, aufgefunden. Drei Männer waren in das Büro eingedrungen und hatten Entratter niedergeschossen.

8. Juli 1931

Die Gangster **Louis Loeb**, **Samuel „Sam" Friedman** und Mike Assalone werden wegen Kidnappings von der New Yorker Polizei verhaftet.

11. Juli 1931

Irving „Little Irv" Shapiro, 27, der jüngere der Shapiro-Brüder, welche die Gegend um Brownsville und East New York beherrschten, parkte sein Auto und betrat das bereits dunkle „Vestibule". **„Kid Twist" Reles** wollte mit **Meyer**, „Irvs" älterem Bruder, zuerst abrechnen, und zwar wegen der Vergewaltigung von Reles‘ 18jähriger Freundin. Aber Reles’ Trupp zeigte keine Neigung zu Ritterlichkeit, sie feuerten los. Zwei Kugeln trafen „Little Irv“ ins Gesicht. Der Einschlag schleuderte seinen Kopf zurück. Noch weitere sechzehn Kugeln zerfetzten sein Rückgrat, bevor er zu Boden ging. Der regierende Clan von Brownsville hatte seinen ersten Verlust zu beklagen.

28. Juli 1931

Michael Vengalli, ein fünfjähriger Junge, wird von Vincent Coll während des Mordversuchs an Joey Rao, dem langjährigen Partner von **Dutch Schultz**, erschossen.

Coll, vertreten vom Staranwalt **Samuel Leibowitz**, wird freigesprochen und bekommt den Spitznamen „Mad Dog“.

Juli 1931

Earl Passman, ein Purple-Gangster, wird irrtümlich von seinem Kollegen und engen Freund **Hymie Altman** erschossen (Owen Avenue Apartment, Oakland, Michigan). Er stirbt beim

Eintreffen im Krankenhaus um 21.15 Uhr und wird anhand seiner Fingerabdrücke identifiziert.

August 1931

Gangster **Joey Silvers** ermordet.

16. September 1931

Collingwood Avenue Massaker, Detroit, Michigan
Purple-Gangster ermorden drei ihrer eigenen Mitglieder, die als „Dissidenten" galten – es waren die *„Little Jewish Navy"*-Mitglieder **Joseph „Nigger Joe" Leibowitz**, **Herman „Hymie" Paul** und **Isadore „Izzy the Rat" Sutker**.

Ein interner Disput resultierte in dem zweiten Dreifachmord, den die Purple Gang durchführte. Drei der Mitglieder arbeiteten zusammen in einer eigenen Clique, bekannt als die „Little Jewish Navy". Sie besaßen einige Rennboote, die sie für den Rumschmuggel nach Kanada benutzten. Sie beschlossen, sich abzuspalten und gegen die Purples zu konkurrieren, die dachten, dass das Trio eine Alkohollieferung gestohlen hatte, welche für Al Capone in Chicago bestimmt war. Die drei Männer waren Joseph „Nigger Joe“ Leibowitz, Herman „Hymie“ Paul und Isadore „Izzy the Rat“ Sutker. Sie kamen alle ursprünglich aus Chicago, bevor sie zu den Purples in Detroit stießen. **„Ray“ Bernstein** hatte einen örtlichen Buchmacher, **Solomon „Solly“ Levin**, dazu gebracht, die drei Männer in das Apartment 211 in 1740 Collingwood Avenue zu locken, nur ein paar Blocks entfernt vom Hauptquartier der Gang in der Oakland Avenue.

Es fand gerade eine große Konferenz in Detroit statt, und das Treffen hatte die Frage der Alkohollieferungen zum Vorwand. Ray machte es dem Trio gemütlich, sie bekamen Zigarren und rauchten, als drei der Purple Gang hereinstürzten und die drei Gegenspieler niedermetzelten.

Die Schützen waren **Irving Milberg**, **Harry Fleisher** und der achtzehnjährige **Harry Keywell**. Ihre Opfer starben am Tatort – zwei in ihren Fauteuils, der dritte fiel ihnen zu Füßen. Die Mörder liefen anschließend die Hintertreppe hinunter und stießen mit dem jungen Frank Egan und seinem Kumpel Chick zusammen. Die beiden lieferten gerade Lebensmittel aus dem benachbarten A&P-Geschäft. Als die Lieferanten durch den Korridor des zweiten Stockes gingen, kamen sie an der offenen Tür von Zimmer 211 vorbei. Blut floß über die Schwelle heraus, und sie sahen drei Körper zusammengesunken wie zerbrochene, ausrangierte Puppen. Als die Polizei eintraf, fanden sie die Mordwaffen in der Apartmentküche, in einen Eimer grüner Farbe geworfen, mit herausgefeilten Seriennummern.

17. September 1931

Meyer Shapiro, 23, Boss der Shapiro-Brüder wird im Auftrag von **„Kid Twist“** ermordet, nachdem er es geschafft hatte, seiner Verurteilung zum Tode neunzehnmal zu entrinnen.

Als Meyer in dieser Nacht allein in einer Bar stand, zwangen ihn drei Männer in ein Auto und fuhren davon. Am nächsten Tag fiel das Licht der Morgensonne in den Flur eines heruntergekommenen Hauses und auf dort abgestellte Alkoholkanister, die mit Blut bespritzt waren. Es rann aus Meyers

Körper. Der Mörder hatte ein sauberes Loch durch sein linkes Ohr geschossen. **Reles**, „Happy“ Maione und **„Buggsy“ Goldstein** wurden als Hauptverdächtige festgenommen, aber aus Mangel an Beweisen wieder freigelassen.

8. November 1931

Isadore Berman wird in Queens, New York, ermordet.

1931

Chester Goulds Comicstreifen Dick Tracy über die Abenteuer eines verdeckten Rächers glorifiziert den Kämpfer gegen das Kriminelle.

8. Februar 1932

Gangster Vincent „Mad Dog“ Coll wird durch Maschinengewehrsalven von **Dutch Schultz**’ Männern in New York, West/23rd Street, getötet.

17. Februar 1932

Harry Gold wird von **Sam „The Gorilla“ Davis**, Purple-Gang-Mitglied in Detroit, Michigan erschossen.

20. Februar 1932

Abe Wagner, ein Gangster, der ein Vermögen mit dem Spirituosenschwarzhandel machte, wird von einer neuen Gang bedroht - dem Mazza Mob. Als dieser sich stark genug glaubt, durchlöchert er Wagners Auto in der Suffolk Street, Lower East Side in Manhattan, bis die Fahrertür aussieht wie ein Duschkopf. Wagner rollt aus der gegenüberliegenden Tür und entkommt zu Fuß, bevor die Schützen eine Chance haben, ihn zu erwischen.

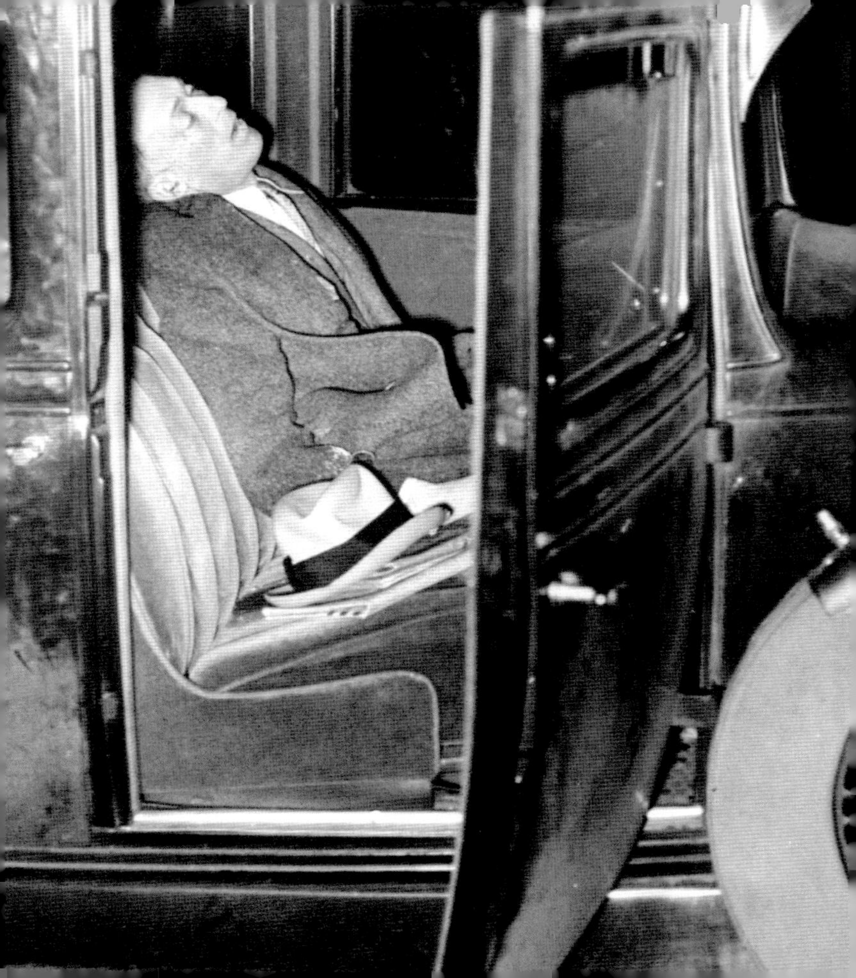

21. Februar 1932

Allie Wagner, **Abe Wagners** jüngerer Bruder, und **Harry Brown** werden ausgesandt, um zwischen dem Mazza Mob und Abe zu vermitteln. Ausgestattet mit einer großen Banknotenrolle, bekommt Allie Wagner von der Mazza Gang aber nicht einmal eine Chance und wird sofort erschossen.

29. Februar 1932

Izzy Presser wird in Newark, New Jersey, erschossen in seinem Auto aufgefunden.

Photo: Daily News

März 1932

Abe Wagner, der seinen Namen in Loeb geändert hatte und aus New York geflohen war, wird von den beiden Gangstern, die ihm nachgeschickt wurden, gestellt. Es war ein Restaurant zwischen St. Paul und Minneapolis, eines der Lokale mit Essplätzen unten und Schlafquartieren oben. Die Gangster feuerten sieben Kugeln in den inkognito reisenden Schwarzhändler. Als er auf dem Boden lag, schlugen sie mit ihren Pistolenkolben auf ihn ein. Sie waren so gründlich bei der Arbeit, dass sie dabei erwischt wurden. Als Namen gaben sie Joseph Schaefer und George Young an - klarerweise Decknamen.

15. Juni 1932

Gangster Ezra Milford Jones wird in der Stork Club Bar, Detroit, Michigan von einem Schützen der Purple Gang erschossen.

September 1932, abends

Mobster **„Jake the Painter“** wird von **Abe „Kid Twist“ Reles** erschossen.

„The Painter“ und „Kid Twist“ hatten gedroht, den jeweils anderen beim ersten Anblick zu töten. Reles trug seine Waffe nicht bei sich. Er sprach besänftigend auf „Jake“ ein und überzeugte ihn, ihm die Waffe zu geben, da sie sonst schwere Probleme mit dem Gesetz bekommen würden. Voller Vertrauen übergab Jake die Waffe an Reles, welche dieser sofort umdrehte und eine Serie Schüsse auf „The Painter“ abgab.

15. Februar 1933

Franklin D. Roosevelt (gewählter US-Präsident vor seinem Amtsantritt) entkommt unverletzt einem Attentat von Giuseppe Zangara in Miami. Bei dem Attentatsversuch wird jedoch Anton J. Cermak (Bürgermeister von Chicago) angeschossen. Er stirbt am 6. März.

12. April 1933

Ab 1927 betrieb **Abner „Longy“ Zwillman** die Wildcat-Brauerei. Seine Konkurrenten waren **Meyer (Max) Hassel** und **Max (Alex) Greenberg**, die in der selben Gegend die als „Peter Hock“ bekannte Brauerei in Harrison, New Jersey betrieben.

Die Rivalität zwischen Hassel und Greenberg und dem Zwillman Mob wuchs. Es wird berichtet, dass Hassel und Greenberg planten, Zwillman von der Bildfläche verschwinden zu lassen. Aber Zwillman bekam von diesem Plan Wind. Am 12.4.1933 wurden Hassel und Greenberg in ihrer Suite im Elizabeth Carteret Hotel, Elizabeth, New Jersey ermordet. Die beiden Morde wurden nie aufgeklärt.

Gleich nach dem Tod von Hassel und Greenberg übernahmen Zwillman und sein Partner die Kontrolle über deren Spirituosengeschäft und bestimmten fast im Alleingang über die Verteilung der Mengen in New Jersey.

13. April 1933

Ein Polizist neben der Leiche von **Max Greenberg**, einem der ermordeten Gangster, in Elizabeth, New Jersey.

Photo: Corbis

12. Juni 1933

Louis Fine, 22, wird des Mordes an einer Frau **M. Schaaf** in Atlantic City überführt und in New Jersey hingerichtet.

22. Juni 1933

Der Nachtklubdirektors **Harry Lyons** wird tot auf dem Gehsteig nahe seines Hauses in der Bronx, New York, aufgefunden.

25. Juni 1933

Gangster Joe Kennedy, ein früherer Partner von „Happy" Maione, wird erschossen. Seine Leiche wird aus dem Cadillac geworfen, den er von **Abe „Kid Twist" Reles** geliehen hatte.

In Kennedys Hand wurde ein Gurt des Autos gefunden. Kennedy war zu „einer Ausfahrt" mitgenommen worden und hatte verbissen um sein Leben gekämpft. Keiner seiner Mörder hatte bemerkt, dass der Gurt vom Hintersitz ausriss. Er war noch immer in Kennedys Hand, als er herausgeworfen wurde. Reles bemerkte es sofort, als er seinen Cadillac zurückbekam, und geriet darüber in Rage. Kennedy wurde von „Happy“ Maione, Vito „Chicken Head“ Gurino und **Harry „Pittsburgh Phil“ Strauss** umgebracht.

29. Juni 1933

Der Gangster **Murray Marks** wird in der Bronx, New York, erschossen. Die Morde an Marks und Lyons sind wahrscheinlich nur zwei von rund dreißig Morden, für die direkt oder indirekt **„Bugsy“ Siegel** verantwortlich war.

Juli 1933

Franklin D. Roosevelt ernennt Homer Cummings zum Generalstaatsanwalt, nachdem er zuerst Tom Walsh ausgewählt hatte, der am 2.März auf der Zugreise zur Amtseinführung an einer Herzattacke starb.

Cummings gründete durch Zusammenlegung von BI, Prohibitionsbüro und Identifizierungsbüro ein neues „Federal Bureau of Investigation". Dessen Direktor Edgar J. Hoover befehligte 226 Agenten und 66 Steuerprüfer.

22. Juli 1933

Charles F. Urschel, ein Ölmillionär, der die Witwe des legendären Ölmagnaten Tom Slick geheiratet hatte, wurde von Machine Gun Kelly und seiner Gang entführt. Harvey Bailey tauchte auf der Shannon Ranch auf. Er lieh sich Kellys Maschinengewehr, benutzte es bei einem Banküberfall am 9. August in Kingfisher, Oklahoma und kehrte zur Ranch zurück. Kelly und Bates hatten das Lösegeld von 200.000 US-Dollar unter sich aufgeteilt, gaben nun jeder 500 Dollar an Bailey, um eine alte Geldschuld zu begleichen, und rieten ihm abzuhauen, da die Ranch „heiß" war. Alle bis auf Bailey, der von seinem letzten Gefängnisausbruch noch eine Beinwunde hatte, verließen die Ranch. Kelly und Bates trennten sich in Minneapolis, nachdem sie einen Teil der Lösegeldbanknoten gewechselt hatten. Deren registrierte

Seriennummern brachten das FBI auf ihre Spur. **Isadore „Kid Cann" Blumenfeld**, Gangsterboss in Minneapolis, und seine Leute **Sam Kronick**, **Sam Kozberg**, **Edward „Barney" Berman** und Clifford Skelly wurden am selben Tag wegen des Banknotenwechsels verhaftet. Verurteilt wurden nur Berman und Skelly.

Am 12. August wurde die Shannon Ranch gestürmt. Eine Truppe von FBI-Agenten und Polizeibeamten aus Dallas und Fort Worth verhaftete Robert und Ora Shannon, Armon und Oleta Shannon sowie Harvey Bailey. Sonderagent Gus Jones, der die Ermittlungen im Urschel-Entführungsfall leitete, fand Bailey schlafend auf der Veranda, eine 35er Winchester, eine 45er Automatik und Kellys Thompson-Maschinengewehr an seiner Seite. Jones hielt Bailey für den Hauptverdächtigen. 700 Dollar des Lösegelds wurden Bailey abgenommen, Urschel wurde unverletzt befreit.

7. September 1933

Leon Kraemer, das „Hirn" der Whittemore Gang, der bei einem Feuergefecht schwer verletzt worden war, wird nach seinem Freispruch vom Vorwurf der Tötung aus dem Gerichtssaal in Manhattan, New York, getragen.

Photo: Daily News

20. November 1933

Al Silverman, ein Freund von Frank Costello, **Lepke** und dem Boss von Jersey, **„Longy“ Zwillman**, wird aufgeschlitzt an einem Zaun hängend in Somers, Connecticut gefunden. Er wurde erstochen.

25. November 1933

Der Schmalspurgangster **Alex „Red“ Alpert** wird im Alter von 19 Jahren in einem Hinterhof in East New York erschossen.

Sein toter Körper lag im Rinnstein, es gab keine Zeugen. Alperts Freund **Harry „The Mock“ Rudolph**, exzentrischer und noch minderjähriger Straftäter, beschuldigte die Brownsville-Männer **„Kid Twist“ Reles** , **„Buggsy“ Goldstein** und „Dukey“ Maffetorre. Sie erschossen Red, als er aus dem Haus kam.

26. November 1933, 3.00 Uhr

Polizeioffizier Fred Lincoln entdeckt in North Detroit nahe der Quarto- und Telegraph-Straßenkreuzung in einem geparkten Auto zwei noch warme Körper, die aneinander an den Händen halten.

Die beiden Männer waren mit fünf Schüssen aus nächster Nähe erschossen worden – wahrscheinlich vom Fahrer- und Beifahrersitz aus. Es waren **Abe Axler**, 32 und **Eddie „Honey Boy" Fletcher**, 35. Das Auto gehörte Abes Frau Evelyn.

Abe Axler war eines der führenden Mitglieder der Detroiter *Purple Gang*. Er wurde 1901 geboren und wuchs gemeinsam mit anderen zukünftigen Purples wie **Eddie Fletcher**, **Irving Milberg**, **Sam Abramson** und **Isadore Cantor** in Williamsburg, Brooklyn, auf. Im Herbst 1921 wurden Abe und sein Bruder Simon wegen Diebstahls zu vier Jahren im New Yorker Gefängnis Sing Sing verurteilt.

1926 schlossen sich die Axler-Brüder ihren Kumpels in Detroit an und stürzten sich in den „Cleaners and Dyers War". Nachdem Abe, Eddie Fletcher und **Joseph „Honey Boy" Miller** im März 1927 im „Milaflore-Massaker“ drei Gangster mit Maschinengewehren niedergemäht hatten, galt Abe als einer der gefährlichsten Killer in den Reihen der Purples und war im Lauf der Jahre an zahlreichen Morden beteiligt. Im Sommer 1929 wurden er und drei weitere Gefolgsleute wegen illegaler Alkoholgeschäfte zu zwei Jahren Haft in Leavenworth verurteilt.

In den frühen 30er-Jahren versuchte er zusammen mit Eddie Fletcher, seinem besten Freund seit Kindheitstagen, die Macht in der Purple Gang zu übernehmen. Damit war ihr Schicksal besiegelt. Sie wurden am 26. November 1933 „auf eine Ausfahrt mitgenommen“ und erschossen. Die Leichen der beiden New Yorker wurden von ihren Familien heimgeholt und in ihrer Heimatstadt begraben.

Eddie Fletcher, geboren 1898 in Williamsburg, Kings County, New York, war ursprünglich Fliegengewichtsboxer und bewarb sich sogar um das Amt eines Stadtrats in Brooklyn, schlug jedoch bald die Verbrecherlaufbahn ein.

Am 19. März 1921 erstach er angeblich den Gangster Eddie McFarland in einem Kino in Brooklyn. „Honey Boy“ war dafür von Frankie Uale (Yale), einem Boss der Mafia, beauftragt worden. „Charleston“ Eddie McFarland war Teil der Gruppe, die ein paar Wochen früher in einer Tanzhalle auf Coney Island fünf Leute umgebracht hatte – ein Vergeltungsschlag für eine Schießerei in einem Ballsaal in der Smith Street in Brooklyn. Es ging dabei um eine alte Fehde zwischen dem italienischen Yale Mob und den irischen Toughs, die von William „Wild Boy“ Lovett angeführt wurden.

Fletcher kam erstmals im Herbst 1923 nach Detroit um am „Oakland Sugar House War“ teilzunehmen. Obwohl eher klein gewachsen, wurde er als einer der gefährlichsten Killer der Purple Gang bekannt. Fletcher und sein bester Freund Abe Axler steckten ständig zusammen und waren so unzertrennlich, dass sie den Spitznamen „siamesische Zwillinge“ erhielten. Fletcher wurde gemeinsam mit **Phil Keywell**, einem anderen Purples-Mitglied, von der Chicagoer Polizei im Zusammenhang mit dem Valentinstag-Massaker einvernommen.

Es existiert eine genaue Beschreibung von Fletchers elegantem Auftreten: dunkelgrauer Chesterfield-Mantel, perlgraue Gamaschen über Lackschuhen, ein breitkrempiger grauer Fedora-Hut und mauvefarbener Zweireiher mit Aufschlägen aus zartlila

Satin. Um diesen Aufzug abzurunden, trug er eine vierkarätige diamantene Krawattennadel, die eine gelbe Seidenschalkrawatte zusammenhielt. Das zog er an, um entweder ins Kino zu gehen oder um jemanden zu ermorden!

Axler und Fletcher sind am Washington-Friedhof, Brooklyn, Kings County, New York, begraben

1933

John „John the Polack" Bogdanowitz war in den späten Zwanzigern in der Unterwelt von Jersey in Newark aktiv. Als der „Polack" aussteigen wollte, kostete ihn diese Entscheidung das Leben.

Der Mob jagte Bogdanowitz, dessen Wunsch auszusteigen als Zeichen von Gewissensbissen gedeutet wurde – ein Mann mit Gewissen war immer eine potentielle Gefahr. Als er zufällig auf Long Island auf seinen Ex-Mob-Kumpel **Walter Sage** traf, meldete dieser die Begegnung dem Jersey Mob. Der anschließende Mordauftrag ging an **„Kid Twist" Reles**, den bulligen Vito „Chicken Head“ Gurino und Joe Mercaldo. Angelo „Julie“ Catalano sollte das Auto fahren. Die Auftragsmörder folgten Sages Angaben und fanden ein Häuschen mit Garten vor. Reles und Catalano blieben im Auto. Gurino und Mercaldo klopften an das Tor. Bogdanowitz’ Mutter öffnete und holte ihren Sohn, nachdem die beiden sich als Detektive ausgegeben hatten. Einen Moment später kam John an die Tür, zwei Gewehre feuerten gleichzeitig, „John The Polack“ war sofort tot.

Walter Sage wurde der herzliche Dank der Mächtigen von Jersey für seinen Job zuteil. Das war natürlich, bevor Sage im Jahre 1935 selbst in den Catskill-Bergsee geworfen wurde – ein Flipperautomat war dabei um seinen Hals geschnürt.

20. März 1934

Gangster **Fred „Shotgun Ziegler“ Goetz**, wird erschossen. „Shotgun Ziegler“ war wahrscheinlich einer der Beteiligten am St. Valentinstag-Massaker in Chicago.
Begraben am Irving-Park-Friedhof, Chicago, Cook County, Illinois, USA

7. Juni 1934

Daniel Kreisberg, 39, Joseph Murphy, Frank Pasqua und Anthony Marino werden auf dem elektrischen Stuhl im Auborn-Gefängnis, New York hingerichtet, verurteilt wegen des Mordes an Michael „Durable Mike“ Malloy. Es war der zehnte Mordanschlag, nachdem zuvor insgesamt neun fehlgeschlagen waren.

20. Juli 1934

Willie Shapiro, 23, ermordet.

Der letzte der Shapiro-Brüder wurde in den Keller einer Grillbar in der Rockaway Avenue geschleppt, die Vito Gurino mit „Happy“ Maione und „Happys“ Schwager Joe Daddonna führte. Gurino allein (265 Pfund) wog fast zweimal soviel wie Willie Shapiro; dazu kamen noch **„Pittsburgh Phil“ Strauss**, „The Dasher“ Abbandando und „Happy“ Maione.
Sie verprügelten dem kleinsten der Brüder und fügten ihm verschiedene schwere Körperverletzungen zu. Willie

wurde von „Pittsburgh Phil“, dem Fesselungsspezialisten, zusammengebunden, in einen Wäschesack geschoben und in die Sanddünen der Canarsie Flats gebracht. Der Wäschesack wurde in einem Sandhaufen vergraben.

Ein Bewohner von Canarsie war Zeuge der Mitternachtsszene und rannte zu dem Sandhaufen, nachdem die Mörder den Platz verlassen hatten. Er grub mit bloßen Händen und hatte bald genug Sand entfernt, um den großen Sack zu sehen. „Es ist ein Schock“, erklärte er wenig später den Polizisten, die er gerufen hatte, „einen Wäschesack begraben im Sand zu öffnen, und es kommt einem ein Männerkopf entgegen.“

Die Mörder glaubten, sie hätten Willie eine Beerdigung zugestanden, nachdem sie ihn erschlagen hatten. Aber sie hatten dabei ein Detail übersehen. Der medizinische Gutachter fand nämlich Sand in Willies Lunge. Man begrub ihn also noch lebend.

3. Dezember 1934

Harry Henry „Toots" Schorr, 38, ein *Purple-Gangster*, verschwindet spurlos, nachdem er sich mit Harry Fleisher in einem Restaurant in der 12th Street, Detroit getroffen hatte. Fleishers Auto wurde später mit Blutspuren auf den Sitzpolstern gefunden.

Schorr, geboren 1896, arbeitete als Jugendlicher bei einem Gemüsestand auf dem Eastern Market in Detroit. Im Lauf der Zeit geriet er jedoch in den Dunstkreis der kriminellen Elemente um die Oakland Avenue und arbeitete zusammen mit seinem guten Freund **Charlie Leiter** in einer Lagerhalle für Stärkezucker (die während der Prohibition zu einem Hauptlieferanten von Stärkezucker für Schwarzbrennerei wurde). Viele Mitglieder der Purple Gang lernten ihr kriminelles Handwerk bei der „Oakland Sugar House Gang". Harry Schorr war ziemlich erfolgreich, bis sich in den frühen 30er-Jahren das Blatt für ihn – wie für den Rest der Purple Gang – zu wenden begann. Nach der Aufhebung der Prohibition stritt er sich mit seinen Partnern und machte sich selbstständig. Er wollte schwarz Whiskey brennen, weil ihm die Behörden des Staates Michigan eine Konzession zur Alkoholausschank verweigerten.

Am Abend des 3. Dezember 1934 wurde er von seinen alten Konsorten von der Purple Gang verschleppt und nie wieder gesehen. Gerüchte besagten später, seine Leiche wäre in einem Hochofen verbrannt worden. Einige Jahre später besuchte seine Witwe **Harry „The Fink“ Fleisher** in Alcatraz. Sie brauchte seine Hilfe um zu beweisen, dass Harry tot war, damit sie sich seine Lebensversicherung auszahlen lassen konnte. Es überrascht allerdings kaum, dass Fleisher sich weigerte, ihr zu helfen.

23. Dezember 1934, 4.00 Uhr früh

Joseph “Fatty” Cooperman, Schläger und Gangster, wird als Vergeltung für eine angezettelte Schießerei ermordet.

In den frühen Dreißigern war „Fatty“ mitten in die Fehde zwischen den **Shapiro-Brüdern** und **Abe „Kid Twist“ Reles** geraten. Es war die Schießerei, bei der eine Kugel **„Buggsy“**

Goldsteins Nase traf und eine andere Reles Kollegen DeFeo tötete. Nur drei Monate nachdem Willie, der letzte der Shapiro-Brüder, lebendig begraben worden war, nahm **Sholem „Dreamy Eyes“ Bernstein**, ein naher Freund, „Fatty“ Cooperman im Auto mit. Er lieferte ihn mit einem „Bis später“ vor seinem Apartment ab und fuhr davon. Die Mörder warteten schon in der Eingangshalle. Auf die selbe Art wurde sein Freund **Irv Shapiro** eliminiert. Der schießende Trupp „Happy“ Maione, „The Dasher“ Abbandando und „Blue Jaw“ Magoon sorgte dafür.

1934

„Muddy“ Kasoff, ein kleiner Drogendealer aus Lower Manhattan, wird erschossen, nachdem er mit Charlie “Lucky“ Luciano über Drogenverkaufsterritorien gestritten hatte.

Ein Auftrag wurde von Luciano auf „Muddys“ Kopf ausgesetzt. Kasoff wurde entführt und mit verbundenen Augen nach Island Park gebracht, einem hübschen Ufergebiet auf Long Island. „Muddy“ wurde aus dem Auto gelassen und niedergeschossen.

Was von dem Drogenhändler übrig war, der sich mit „Lucky" angelegt hatte, lag am nächsten Morgen vor einer Plakatwand, auf der Autofahrer aufgefordert wurden, sicher zu fahren.

20. Jänner 1935

Isadore Strauss, ein Mitglied der *Whittemore Gang*, wird von der New Yorker Polizei verhaftet.

7. Februar 1935

William Paskowitz, 24, und Kumpel Peter Crotty, sterben auf dem elektrischen Stuhl in New York. Beide waren des Mordes an **Abraham Vink**, ein Neffe von **Waxey Gordon**, überführt worden.

9. März 1935, 2.00 Uhr

Jules „The Commissar" Martin (alias **Julius Modiglewsky**) wird mit zwölf Messerstichen in seiner Brust und einem Schuss in den Mund im Harmony Hotel in der kleinen Stadt Cohoes nahe der Bundeshauptstadt tot aufgefunden.

Modiglewsky wurde von seinem Boss **Dutch Schultz** erschossen, und zwar im Beisein von Schultz' Partner **Abe „Bo" Weinberg** und Schultz' Anwalt J. Richard „Dixie" Davis. Er hatte zuvor Geld von Schultz unterschlagen. Der Fall Jules Martin war der einzige, den man Dutch und seinem ständigen Begleiter, dem 45-er Colt, so direkt zuschreiben konnte.

7. Juni 1935

Abraham Faber, 35, wird in Massachusetts hingerichtet; überführt der Tötung eines Mannes bei einem bewaffneten Überfall.

Juli 1935

Hyman „Hy“ Kasner wird ermordet und in einen Leinensack gestopft, der am Hals zugebunden ist. Der Sack wurde in einen Abwasserkanal in Lower Brooklyn geworfen, von wo er ins offene Wasser gespült und in einem zwei Meilen in South-Eastern Brooklyn hineinreichenden Seitenarm aus dem Wasser gefischt wurde. Die Mörder wurden identifiziert als **Joseph „Joey“ Amberg**, einflussreicher Drogenlieferant, **Frankie Teitelbaum**, bekannter Schläger aus Manhattan, und **Jack Elliott**, gefährlicher berufsmäßiger Leibwächter und Einbrecher. Der Grund für Kasners Eliminierung ging auf einen Krieg in den frühen Dreißigern zwischen der im Osten führenden Alkoholschmuggelvereinigung und **Waxey Gordon** zurück.

8. September 1935

Huey P. Long (US-Senator aus Louisiana) wird in Baton Rouge von Dr. Carl A. Weiss erschossen und stirbt am 10. September.

9. September 1935

Abe „Bo“ Weinberg, 38, verschwindet, nachdem er an diesem Abend in einem Nachtklub im Zentrum Manhattans zum letzten Mal gesehen wurde.

„Bo“ Weinberg, 1897 in Russland geboren, war die rechte Hand von **Dutch Schultz** während der Prohibition. Man vermutet, dass er an den Morden an Salvatore Maranzano, Jack „Legs“ Diamond und Vincent „Mad Dog“ Coll beteiligt war. Als Schultz wegen eines Steuerverfahrens die Stadt verlassen musste, lief Weinberg angeblich mit einigen von dessen krummen Geschäften zu „Lucky“ Luciano über. Schultz wurde freigesprochen und musste bei seiner Rückkehr feststellen, dass ihn seine rechte Hand betrogen hatte. Was genau mit Weinberg passierte, ist ungeklärt, aber man munkelte, dass Schultz Weinbergs Füße in einen Block Zement eingießen und ihn noch lebend in den East River werfen ließ. Dieses „Lasst ihn bei den Fischen schlafen“-Szenario wurde 1991 im Film „Billy Bathgate“ wieder aufgenommen, wo „Bo“ Weinberg von Bruce Willis verkörpert wurde.

30. September 1935

Joseph „Joey" Amberg, 42, und **Morris „Mennie" Kessler**, 23, einer von Ambergs Handlangern, werden an der Mauer einer Autoreparaturwerkstatt in Brownsville (Brooklyn) aufgestellt und von drei Männern erschossen.

Amberg wurde ermordet, weil er **Hyman „Hy" Kasner**, ein naher Freund und Geschäftspartner von Albert „The Mad Hatter" Anastasia, umgebracht hatte. Einer von Ambergs Mördern war Philip „Phil" Mangano , welcher von **Harry „Pittsburgh Phil" Strauss** begleitet wurde. Die Garage liegt in der 385 Blake Avenue, Brooklyn.

12. Oktober 1935

Frankie Teitelbaum wird von den rachsüchtigen Freunden von **Hyman „Hy" Kasner** erschossen, zwölf Tage nachdem Hymans erster Mörder **„Joey" Amberg** zusammen mit seinem Fahrer **„Mennie" Kessler** umgebracht wurde.

Teitelbaum wurde erschossen und in einen Garderobenkoffer verpackt, welchen die Gangster unter einer Brücke in Manhattan stehenließen. Der Koffer war zu groß, um in einen Abwasserkanal zu passen.

Oktober 1935

Jack Elliott wird ermordet und verbrannt.

Er war der letzte lebende der Mörder von **„Hy" Kasner** – ein harter, methodischer Krimineller und ursprünglich der Brooklyn Waterfront zugehörig. Obwohl ein Einzelgänger, war Jack überall im Mob bekannt. Er wurde eines Nachts erwischt und bei der Hackensacke-Siedlung in New Jersey in seinem Auto eingesperrt. Seine Henker setzten den Wagen in Brand – und vergaßen, Jack aus dem Auto zu lassen.

23. Oktober 1935

Louis „Pretty“ Amberg, 38, wird mit einer Axt attackiert und erschossen.

Henker der Unterwelt töten Louis „Pretty“ Amberg und beenden die kriminelle Herrschaft des angeblichen Oberbosses der Kredithaie im Osten New Yorks und in Brownsville. Ambergs Körper wurde bis zur Unkenntlichkeit verkohlt und mit einem Draht um Hals, Arme und Beine aus einem brennenden Auto in der Brooklyn Street gezogen.

Das Auto, ein funkelnagelneuer Sedan, war gestohlen worden. Bevor sie ihn in Brand setzten, übergossen Ambergs Angreifer den Wagen mit fast vierzig Litern Öl, bevor sie ihn mitsamt seinem grausigen Passagier zurückließen.

Es dauerte einige Tage bis er identifiziert werden konnte. „Pretty“ hatte vom Tod seines Bruders am 30. September erfahren und drohte Mitgliedern der Murder Inc. Er wurde in Yiddel Lorber’s, einem Treffpunkt für jüdische Gangster in der Nähe der Williamsburg-Brücke, ermordet.

23. Oktober 1935

Das Todesauto von **Louis Amberg**.

Das gestohlenes Auto wurde zum Scheiterhaufen für den Letzten der Ambergs. Louis' nackte Leiche wurde, in eine Decke eingewickelt, in einem brennenden Auto in einer ruhigen Straße von Brooklyn gefunden.

Photo: Corbis

23. Oktober 1935

Arthur Simon „Dutch Schultz“ Flegenheimer, 33, **Bernard „Lulu“ Rosenkrantz**, **Otto „Abbadabba“ Berman**, 50 und **Abe „Misfits“ Landau**, 40, werden erschossen von den Murder Inc.-Mitgliedern **Charlie „The Bug“ Workman** und **Emanuel „Mandy“ Weiss**, begleitet von ihrem Fahrer **„Piggy“**.

Rosenkrantz stirbt, von sieben Kugeln getroffen, am 25.10. um 3.20 Uhr. Berman stirbt, von sechs Kugeln getroffen, am 24.10. um 2.55 Uhr. Landau, getroffen von drei Kugeln, stirbt am 24.10. um 6.30 Uhr. Dutch Schultz, getroffen von zwei Kugeln, stirbt am 24.10. um 20.35 Uhr.

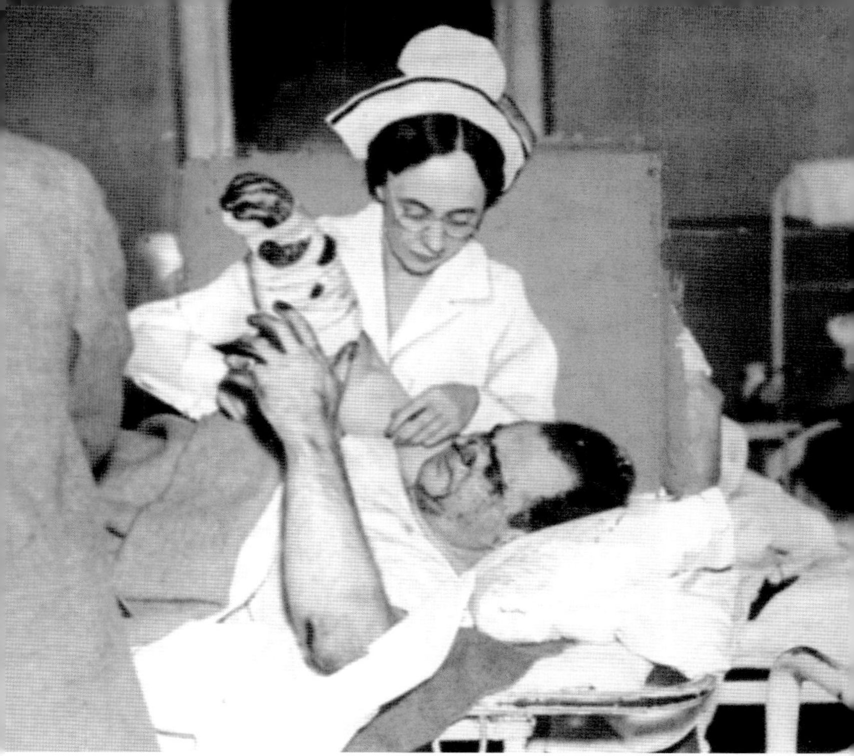

Bernard „Lulu" Rosenkrantz im Operationsraum, nachdem er gemeinsam mit Gangsterboss Dutch Schultz angeschossen wurde.

Photo: Daily News

23. Oktober 1935, Mitternacht

Auf **Martin „Marty“ Krompier**, König des Mobs von Harlem, seinen Bruder **Jules Krompier** und **Sammy Gold** wird in einem Friseurgeschäft in Hollywood, Seventh Avenue, 47th Street geschossen. Alle drei überleben. Sie waren Partner von **Dutch Schultz**; „Marty“ Krompier war der zweite Mann nach Schultz in dessen Organisation.

Marty Krompier, ein Stellvertreter von **Dutch Schultz**,
wird in einem Barbiersalon in Hollywood,
Seventh Avenue/47th Street, notversorgt,
wo er angeschossen wurde.

Photo: Daily News

24. Oktober 1935, 11.00 Uhr

Ein FBI-Informant, dessen Informationen als zuverlässig galten, nannte den Namen **„Longy“ Zwillman**, nachdem **Arthur „Dutch Schultz“ Flegenheimer** und drei seiner Partner in einem Lokal in Newark am 23. Oktober 1935 gegen 10.00 Uhr ermordet wurden. „Longy“ Zwillman hatte am folgenden Morgen Fotokopien von allen Papieren, die bei Schultz gefunden wurden, in seinem Besitz. Laut dem Informanten wollte Zwillman entscheiden, welche der Papiere vernichtet werden sollten. Kurz nach dem Mord an Dutch Schultz wurde Zwillman festgenommen und in das Newark-Polizeirevier zur Befragung gebracht. Zwillman wurde auch im Hinblick auf vom FBI gesuchte Flüchtige befragt, da man annahm, dass er darüber Informationen hätte.

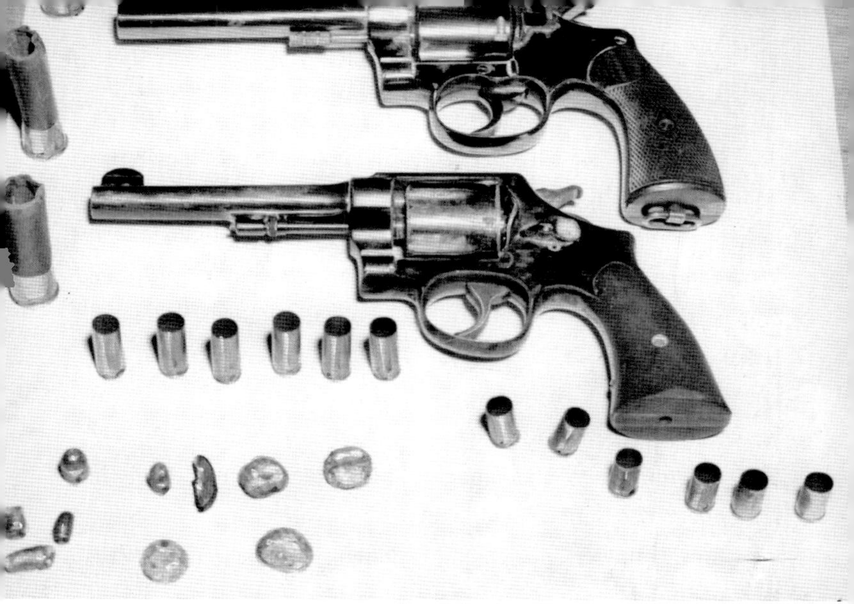

24. Oktober 1935

Die von den Attentätern **Charles „The Bug" Workman** und **Emanuel „Mandy" Weiss** zurückgelassenen Revolver, Patronen und Kugeln sind stumme Zeugen der Todesmission der Männer, die in einem Steakhaus das Leben von Dutch Schultz auslöschten.

Photo: Daily News

24. Oktober 1935

Am 24.10.1935, in seinen letzten Stunden, hatte der Gangster **Arthur Flegenheimer** alias **Dutch Schultz** (1902-1935) der Polizei mehr mitzuteilen als in den gesamten 33 Jahren zuvor. Während aus Schusswunden das Leben aus ihm herausrann, redete und fluchte Dutch auf die Polizeibeamten in seinem Krankenzimmer im Newark-City-Hospital (New Jersey) ein. Die Polizisten versuchten vergeblich, das Gespräch auf etwas für sie Brauchbares zu lenken, wie Angaben zu seinen Mördern oder Informationen über andere Morde. Aber Dutch blieb in seiner eigenen unverständlichen Welt voller merkwürdiger, manchmal schöner, manchmal bedeutungsschwangerer Worte. Der Stenograph Francis J. Long von der Newarker Polizei hielt jedes Wort fest. In den folgenden Jahren wurden Dutch Schultz' Sterbeworte zur literarischen Inspiration für Autoren wie E.L. Doctorow in „Billy Bathgate“, Robert Anton Wilson in seiner „Illuminatus-„Trilogie oder William Burroughs in „The Last Words of Dutch Schultz“. Sie wurden von Englischklassen, Psychologen und nicht zuletzt von Kriminologen analysiert.

Entnommen aus: *Sann, Paul.* Kill the Dutchman! The Story of Dutch Schultz. New Rochelle, NY: Allington House, 1971. Alle grammatischen und Wortfehler stammen aus der Originalmitschrift.

Erklärungen von Arthur Flegenheimer (alias Dutch Schultz) im Newark-City-Krankenhaus zwischen 16.00 und 18.00 Uhr; nach den stenographischen Aufzeichnungen von F.J. Long, Stenograph, Polizei Newark:

George, mach keine Dummheiten. Was hast du mit ihm gemacht. Oh, Mama, Mama, Mama! Oh, hör auf damit! Hör auf! ... Oh, Oh, Oh, sicher, sicher, Mama, usw. (Schultz fieberte zu dieser Zeit stark und litt unter seinen Schusswunden. An seinem Bett saßen Sergeant Luke Conlon, Beamte der Newarker Polizei und vom Büro des Staatsanwalts. Einer der Beamten hatte eine Zeitung bei sich.)

Schultz bemerkte die Zeitung und sagte: *Stand es auch in anderen Zeitungen?* (Dann redete er wieder im Fieber.) *Hör mal, Phil, Spaß ist Spaß. Aha ... Bitte! Papa! Was passierte mit den 16?*

Oh, oh ... er wars? Bitte ... bitte ... John, bitte. Oh, hast du das Hotel gekauft; du hattest eine Million versprochen ... sicher. Geh weiter! Ich wollte, ich wüßte. Bitte mach es schnell; schnell und wild; bitte ... schnell und wild. Bitte hilf mir hier raus; ich fühle mich wieder besser, Gott sei Dank! Bitte, bitte; Oh, bitte. Du wirst müssen, bitte ... sag ihm, „Du hast nichts in der Hand.“ Mach weiter mit den Morsezeichen. Habe ich nicht letzte Nacht um die Zeit gesprochen. Wessen Nummer ist das in deinem Notizbuch, Phil? 13780. Wer war es? Oh! ... Bitte, bitte ... Behalte die Entscheidung vor, Polizei, Polizei; Henny und Frankie ... Oh, Oh, Hundekuchen, und wenn er glücklich ist, beißt er nicht ... Bitte, bitte tu es! Henny, Henny, Frankie! Ihr seid ihm nicht begegnet; ihr seid nicht einmal mir begegnet; es wird genau passen, was ich sage ... Oh, kayiyi, kayiyi! Sicher, wen kümmert es? Wann seid ihr fertig! Woher weißt du das? Also dann ... Oh, Kakao; nein ... er denkt, er ist wieder Opa, und er hüpft herum. Nein, Hoboe und Poboe ich glaube, ich meine dieselbe Sache.

Frage von Sergeant Conlon: Wer hat auf dich geschossen? Antwort: *Der Boss selbst.*

Frage: xxx Wirklich?

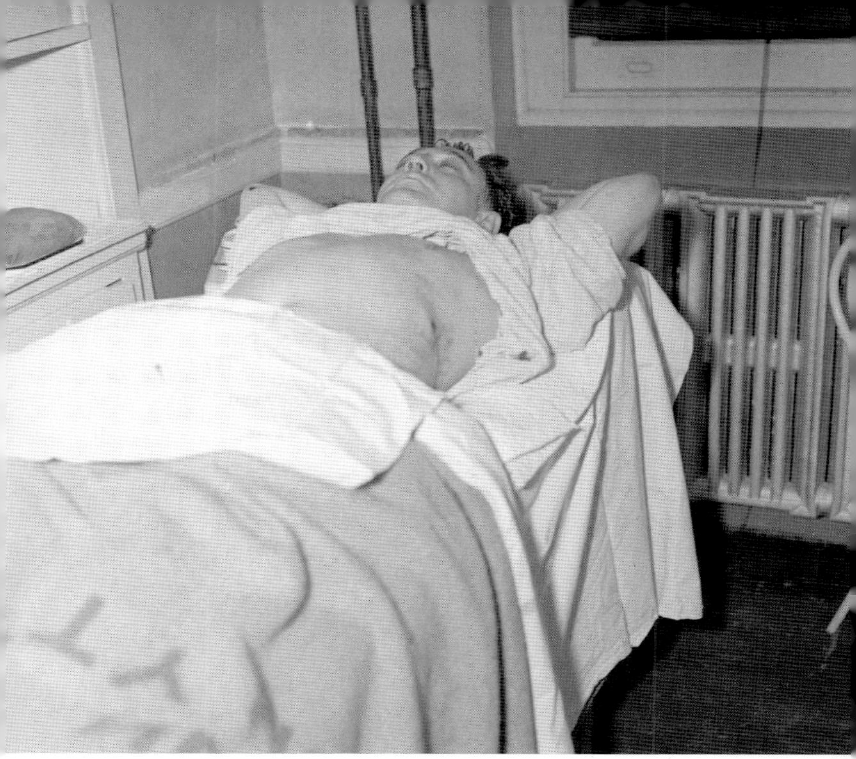

24. Oktober 1935

Dutch Schultz in seinen letzten Stunden am Sterbebett.

Photo: Corbis

Antwort: *Ja: Ich weiß nicht*

Frage: Warum hat er auf dich geschossen?

Antwort: *Ich habe es ihm gezeigt: habt ihr gehört, wie er mich traf? Eine Verabredung; Beschwerde blieb hängen. Gut, Mutter.*

Frage: Der Boss hat auf dich geschossen?

Antwort: *Wer hat auf mich geschossen? Niemand.*

Frage: War es „Bow-legs"?

Antwort: *Ja, es könnte er gewesen sein; es war nicht Robeck (?) oder der andere; ich werde ihn sehen; ich vergesse nie, und wenn doch, werde ich sehr vorsichtig sein.*

Frage: Hat „Bow-legs" auf dich geschossen?

Antwort: *Ich weiß nicht, wer auf mich geschossen hat, bei Gott! Schlage vor, du hilfst mir jetzt auf, sei ein netter Kerl.*

Fragender: Wir werden dir helfen.

Schultz: *Werdet ihr mir aufhelfen? Na gut, ich werde nicht so ein Jammerlappen sein. Oh, Mama, ich kann das nicht weitermachen, bitte. Oh, und dann stutzt er mich; komm, xxx hör auf damit, wir sind gar nichts schuldig; mach es zu! Stattdessen, mach es gegen ihn; ich bin ein ziemlich guter Pretzeler ... Winifred ... Justizbehörde; ich habe es sogar von der Behörde, mein Herr.*

Bitte, hör auf; sag, hör mal, die ... letzte Nacht.

Sergeant Conlon: Komm, schrei nicht.

Antwort: *Ich will nicht schreien.*

Frage: Weswegen haben sie auf dich geschossen?

Antwort: *Ich weiß es nicht, mein Herr; ehrlich, ich weiß es nicht. Ich weiß nicht einmal, wer bei mir war; ehrlich. Ich ging zur Toilette und als ich ankam bei der ... ging der Junge auf mich los.*

Frage: Der große Kerl hat es dir gegeben?

Antwort: *Ja, er hat es mir gegeben.*

Frage: Weißt du, wer der große Kerl war?

Antwort: *Nein.*

Schultz: *Schau, George, wenn wir den Ring sprengen wollten. Nein ... bitte, ich kriege einen Monat. Sie waren es. Komm, streiche mich und sage, dass du kein in diesem Testament kein Begünstigter bist. Ich werde überprüft und nochmals überprüft und bitte setz dich für mich ein.*

Einer der Beamten: Wir werden uns für dich einsetzen.

Schultz: *Werdet ihr? Werdet ihr? Diese hier geborenen Kinder machen es und verkaufen es dir. Wie viele gute und wie viele schlechte! Bitte! Ich hatte nichts mit ihm; er war ein Cowboy in einem der ... Sieben-Tage-pro-Woche-Kämpfe. Kein Geschäft, kein Stammlokal; keine Freunde, nichts; nur was du einsteckst und was du brauchst.*

Sergeant Conlon: Wer hat auf dich geschossen?

Schultz: *Ich weiß es nicht. Nein, überprüfe niemanden; die Überprüfung. Du hättest können; oh, bitte. Bitte mach es für mich. Lassen Sie mich aufstehen, mein Herr, heh? Das hier ist Connie's, oder? Uh heh. Früher haben sie gewartet und gewartet. Bitte geben sie mir eine Chance. Bitte. Oh ... Oh ... es ist aus der Fabrik. Gut. Sicher, das ist schlecht ... also, Oh, mach weiter; das passiert, wenn man weint; ich will keine Harmonie; ich will Harmonie. Oh, Mama, Mama. Wer hat es ihm gegeben? Wer hat es ihm gegeben? Tony? Lass mich in den Bezirk; ... Feuer ... Fabrik dass er nicht in der Nähe war. Es schwelte. Nein, Nein! Wir sind nur zu zehnt und zehn Million kämpfen irgenwo vor dir, also steht auf und wir werden die weiße Fahne zum Waffenstillstand zeigen. Oh, bitte lasst mich aufstehen; Leo, Leo! Oh, ja! Nein,Nein; ich werde nicht ... bitte! Bitte bewegt mich. Die Polizei ist hier; kommunistisch ... Streik ... Wurst ... Bitte;*

wirklich, es ist etwas, was ich mir angewöhne; manchmal gebe ich es und manchmal nicht. Oh, nicht; Ich bin völlig fertig; sag ... das ist abgemacht. Bist du sicher? Bitte, er isst wie ein kleiner Mettwurstmacher. Bitte, lass mich hinein und essen. Lass ihn sich zu dir bemühen und dich dann belästigen. Bitte ... bitte mich nicht darum, dorthin zu gehen; ich will nicht gehen. Ich will ihn immer noch nicht im Weg haben. Bitte, Leo, Leo; ich habe nach jemandem gesucht. Dies ist meine Frau, Frau Pickford, und es tut mir leid, dass ich so bald so gehandelt habe, jetzt schon. Sicher, man braucht keine Aufruhr anzetteln. Die Straßen hatten Probleme und die Leute hatten Probleme und ich habe es beendet. Bitte; Oh, Mama! Kein Wort zu ihr, sie hat nichts gewusst. Schau; das ist es. Sie hat sie das Gegenteil tun lassen. Oh, sag es mir. Bitte, bring mich in das Zimmer Zimmer; bitte haltet ihn unter Kontrolle; mein erstklassiges Zeug, und diese dreckigen Ratten haben sich eingemischt. Bitte, Mutter, Mutter, Mutter, bitte, die Reaktion ist so stark. Oh, Mama, Mama, bitte zieh nicht; reiß nicht; das ist etwas, von dem nicht gesprochen werden sollte; das ist richtig. Bitte helft mir auf, meine Freunde; ich weiß, wovon ich spreche. Bitte, passt auf, die Schießerei ist ziemlich wild, und diese Sorte von Schießerei. Habe einem Mann das Leben gerettet. Oh, Elmer wars. Nein, alles beängstigend; ja, keine Gehaltslisten, keine Wände, keine Gutscheine. Das wäre ausgeschlossen; entschuldigt mich; oh, ja! Oh, Ich vergass, ich bin Kläger und nicht Verteidiger. Sucht, sucht ihn. Bitte ... und er schuldet mir Geld; er schuldet jedem Geld. Warum kann er nicht aussteigen und mir geben ... Kontrolle ... gut, bitte tu es. Bitte, Mutter! Hol mich jetzt ab. Bitte, du kennst mich. Oh, Louie, habe ich dir nicht meine Türklingel gegeben? Du hast alles, die ganze Rechnung. Und sind Sie zum Ausruhen in das Sprechzimmer des Doktors gekommen, mein Herr? Ja, das sehe ich. Ihr Schwiegersohn, und er ist nicht beliebt, oder? Harry, benimmt er sich? Nein; jag mir keine Angst ein; meine Freunde glauben, dass ich es besser mache. Oh, die Polizei sucht dich überall; bitte seien sie uns mit Auskünften behilflich. Hier nicht; sie sind Engländer und Typen, von denen ich nicht weiß, wer besser ist, sie oder wir. Oh, mein Herr, und geben Sie der Puppe ein Dach. Bitte. Ihr könnt spielen, und Mädchen machen es mit einem Ball und führen Tricks damit auf. Bitte; darf ich alle Gegebenheiten in Erwägung ziehen; nein, nein. Und es ist nein; ein Junge hat noch nie geweint ... oder tausend Seinesgleichen niedergemacht ... habt ihr mich gehört? Also nehmt es oder vergesst es. Nein, ich könne mitmischen, weil ich Bescheid weiß. Kommt hierher, kommt her. Oh, Duckie, siehst du, wir sind wieder davongekommen.

Frage eines Beamten: Wer hat auf dich geschossen?

Antwort: *Ich weiß es nicht.*

Frage: Wer war der große Kerl?

Antwort: *Ich weiß es nicht.*

Frage: Wann bist du aus der Toilette gekommen?

Antwort: *Ich weiß es nicht. Helft mir auf. Nein, nein, so wie ich es sehe, musst du es machen. Bitte holt mich aus dem Bett.*

Fragender: Der Arzt will, dass du stillliegst.

Schultz: *Das will ich tun. Ich kann nicht kommen; die Post war schon geschlossen. Oh, Mama, Mama. Bitte, bitte ...*

Frage: Wie viele Schüsse wurden abgegeben?

Antwort: *Ich weiß es nicht; keine.*

Frage: Wie viele?

Antwort: *Zweitausend; jetzt komm, hol Geld aus der Schatzkammer; wir brauchen es; komm schon, bitte hol es; ich kann es dir nicht befehlen. Sie sprechen die Wahrheit, nicht wahr,*

Herr Harris. Das ist nicht das, was bei Ihnen geschrieben steht. Oh ja, ich habe. Oh, bitte, Aufseher. Bitte. Was werde ich für Geld tun. Wie ist das; wie gefällt euch das? Bitte helf mir auf die Beine, sofort. Danke, Sam, du traust dich was; ich tue es, weil du mich darum bittest. Habt ihr mich gehört? Ich würde es hören, das Gericht würde es hören, und der oberste Gerichtshof könnte es auch hören. Kommen sie, helfen Sie mir auf, mein Herr. Gut. Cam Davis. Oh, bitte antworte. N.R.A. Wenn das nicht die Auszahlung ist. Bitte zeigt es dem Freunden des Chinesen und Hitlers Kommandanten. Na gut, mir tut alles weh, und ich werde euch Stoff geben, wenn ich kann. Passt auf. Das haben wir getan. Mutter ist eine sichere Wette und lass Satan dich nicht zu früh holen.

Frage eines Beamten: Warum hat der große Kerl auf dich geschossen?

Antwort: *Er? John? Über eine Million, fünf Million Dollar.*

Frage: Du willst wieder gesund werden, oder?

Antwort: *Ja.*

Fragender: Lieg still.

Schultz: *Ja, ich werde stillliegen.*

Fragender: John hat auf dich geschossen, wir werden uns um ihn kümmern.

Schultz: *Damit haben die Probleme angefangen. Passt auf. Gut, Bob. Bitte helft mir auf. Wenn ihr das tut, könnt ihr gleich hier in den See springen. Ich weiß, wer sie sind; es sind Franzosen ... Malone ... gut; passt auf, passt auf! Mama, Mama ... oh, die Erinnerung ist weg. Eine Arbeitserleichterung ... Polizei. Wer bekommt es? Ich weiß es nicht und ich will es nicht wissen, aber passt auf. Es kann rückverfolgt werden. Das ist der, der es gemacht hat, aber wer hatte das da; oh, oh, Mama, bitte hilf mir hoch. Er hat sich zum Schlechteren verändert. Bitte, passt auf; mein Glück hat sich gewendet und xxx kamen und gingen seither zurück. Es war der verzweifelte Ambrose, ein kleines Kind. Bitte; passt auf ... Schaut ... Mike ... bitte, mir ist schwindlig. Ihr habt nichts gegen ihn in der Hand, aber wir kriegen seinen Helfer dafür dran. Bitte ...*

Fragender: Reiß dich zusammen.

Schultz: *Aber ich sterbe.*

Fragender: Nein, tust du nicht.

Schultz: *Geht weiter, Mick und Mama. Gut, Schatz, du musst es kriegen.* (An diesem Punkt wechselten die Schwestern seine Wäsche, es war 16.40 Uhr, und Schultz bat um Wasser, welches ihm gereicht wurde. Als eine der Schwestern ihm ein Kleidungsstück auszog, sagte er: „Pass auf meinen xxx Ring auf.") Frau Flegenheimer wurde hereingeführt.

Frau Flegenheimer: Hier ist Francis.

Schultz: *Hau ab, ich bin schon halb verrückt. Sie lassen mich nicht aufstehen. Sie haben meine Schuhe, öffne diese Schuhe. Gib mir was; mir geht es so schlecht. Gib mir Wasser, mehr will ich nicht. Öffne das hier, brich es auf, damit ich dich berühren kann. Dennie, kannst du mich ins Auto bringen. Jetzt kann er nicht hereinplatzen. Bitte, Nick, hör auf zu lügen.*

(Frau Flegenheimer verließ das Zimmer.)

Frage des Beamten: Wer hat auf dich geschossen?

Antwort: *Ich weiß es nicht; ich konnte ihn nicht einmal sehen. Ich weiß es nicht. Wer kann es gewesen sein? Jeder. Bitte zieht mir die Schuhe aus.*

Fragender: Du hast sie nicht an.

Schultz: *Nein, es ist eine Handschelle daran. Der Baron macht solche Sachen. Ich weiß, was ich hier mit meiner Sammlung von*

Papieren mache, dafür, dass ich laut war. Für Leute wie dich und mich ist sie keinen Pfifferling wert, aber ein Sammler würde ein Vermögen dafür zahlen; sie ist unbezahlbar. Ich werde sie übergeben an ... Dreh dich weg von mir, bitte, Henry. Mir geht es jetzt so schlecht. Bei der Polizei gehen viele Beschwerden ein. Pass auf. Yey, Jack; hallo, Jack. Jack, Mama. Ich will dieses G. Pass auf Jimmie Valentine auf, denn er ist ein alter Freund von mir. Komm schon, Jim, komm schon, Jimmie; oh, danke. Na gut. Na gut. Ich bin bedient; ich kann nichts mehr machen. Hymie, wirst du dieses eine Mal tun, worum ich dich bitte? Pass auf! Mama, Mama! Pass auf sie auf. Du kannst ihn nicht schlagen. Polizei, Mama! Helen, Mutter, bitte holt mich raus. Komm schon, Rosie. Na gut. Hymes wollte es nicht machen; nicht er. Ich werde das regeln ... die Anklage. Komm schon, Max, mach auf. Frankie, bitte komm her. Mach die Tür da auf, Dumpeys Tür. Es ist so viel, Abe, das ... mit der Brauerei, komm schon. Hey, Jimmie! Die Schornscheinfeger. Sprich mit dem Schwert. Halt den Mund, du hast einen großen Mund! Bitte hilf mir auf, Henny. Max, komm her ... Bohnensuppe aus Französisch-Kanada ... Ich will zahlen, mach, dass sie mich in Ruhe lassen ...

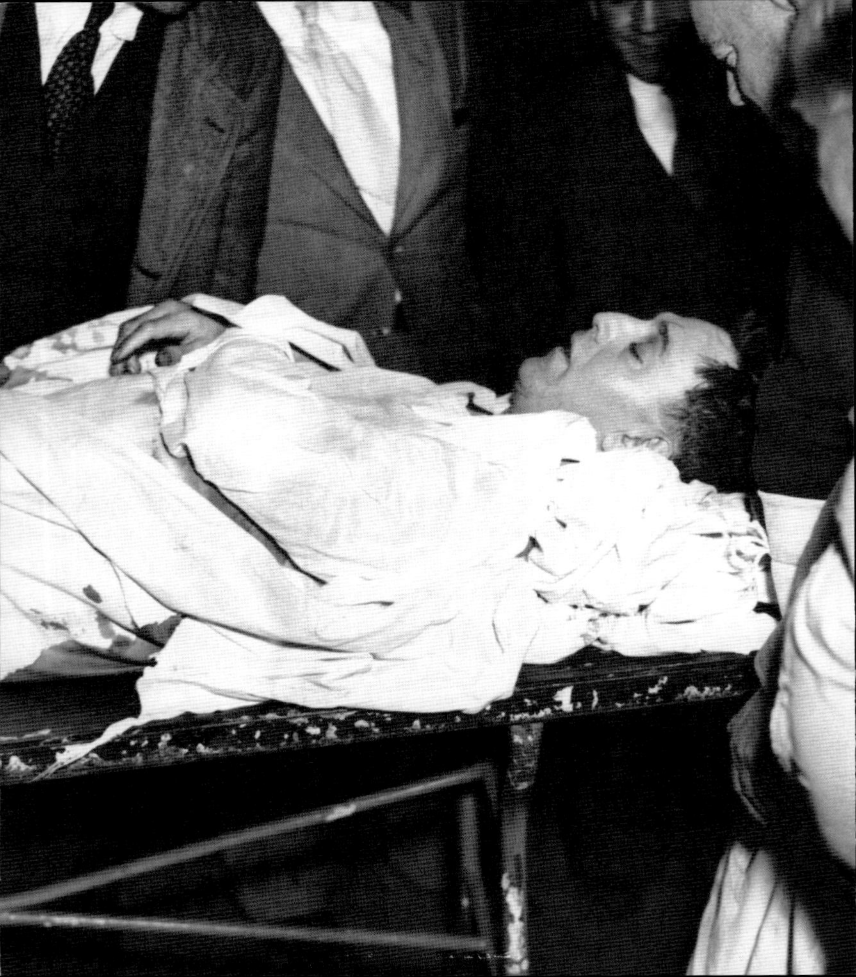

25. Oktober 1935

Dutch Schultz wird ins Leichenschauhaus des Newark City Hospital gebracht, nachdem er seinen Verletzungen erlegen ist.

Photo: Corbis

28. Oktober 1935

Eine große Menschenmenge versammelt sich in 888 10th Avenue bei der Leichenhalle des Bestattungsunternehmens Daniel F. Coughling's Brothers zum Begräbnis von **Dutch Schultz**.

Photo: Daily News

29. Oktober 1935

Louis „Diamond Louie“ Cown, ein Mitglied der Al Capone Gang wird in seinem Auto mit einem Maschinengewehr erschossen.

November 1935

Charles „Chink“ Sherman, Gangster und einer von **Waxey Gordons** führenden Männern im Drogenhandel, war der Unterwelt als „The Chairman“,oder „Chink“ bekannt und galt als erbitterter Gegner von **Dutch Schultz**. Schultz befahl seine Liquidation. Seine Anordnung wurde detailgetreu ausgeführt. Shermans Körper wurde in ungelöschtem Kalk in Sullivan County, N.Y. begraben, auf der Farm von **Jack Drucker**, einem Kriminellen aus Brooklyn. Es war übrigens Drucker gewesen, der mit einem Eispickel aus dem Wagen ausstieg, damals in der Nacht, als **Walter Sage** erstochen und mit einem Flipperautomaten an seinen Hals gebunden in einen See geworfen wurde.

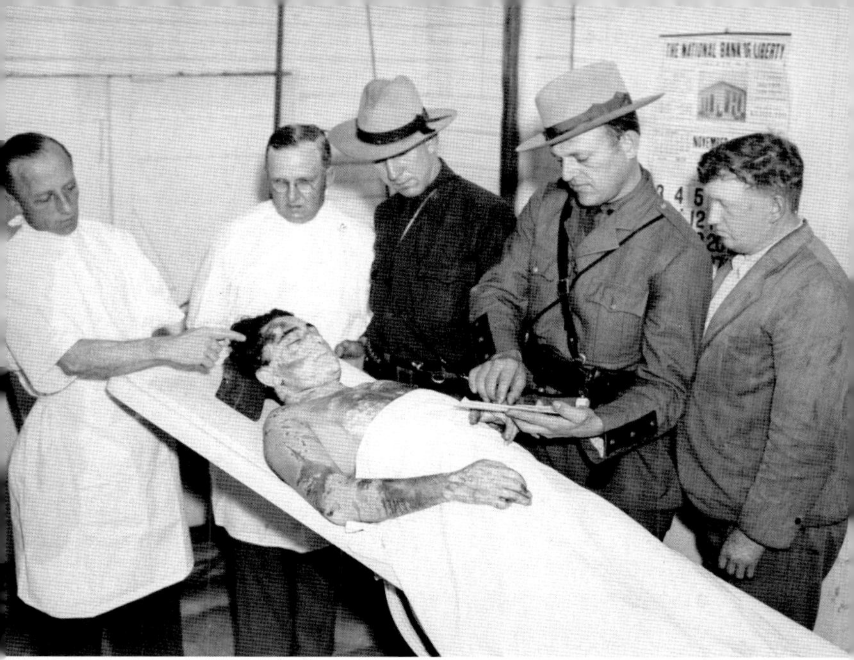

5. November 1935

Die Leiche von **Charles „Chink“ Sherman** wird vom Leichenbestatter untersucht, während ein Staatspolizist die Fingerabdrücke abnimmt.

Photo: Daily News

POLICE
DEPARTMENT
CITY OF NEW YORK
4
22324

4. Dezember 1935

Die New Yorker Polizei verhaftet folgende Männer wegen Kidnapping (v.l.n.r): John Koonopolos, **Meyer Cohen**, **Irving „Knadles“ Nitzberg**, **Charles Blum**, **William Malas**

Photo: Municipal Archives NYC

12. Dezember 1935

Samuel „ Lefty“ Mandel, ein Gangster und Erpresser, wird in Paterson, New Jersey, umgebracht. Mandel war an einigen spektakulären Entführungsfällen im ganzen Land beteiligt.

Samuel Mendels Leiche auf einer Art Urform der Photomontage.

Photo: Daily News

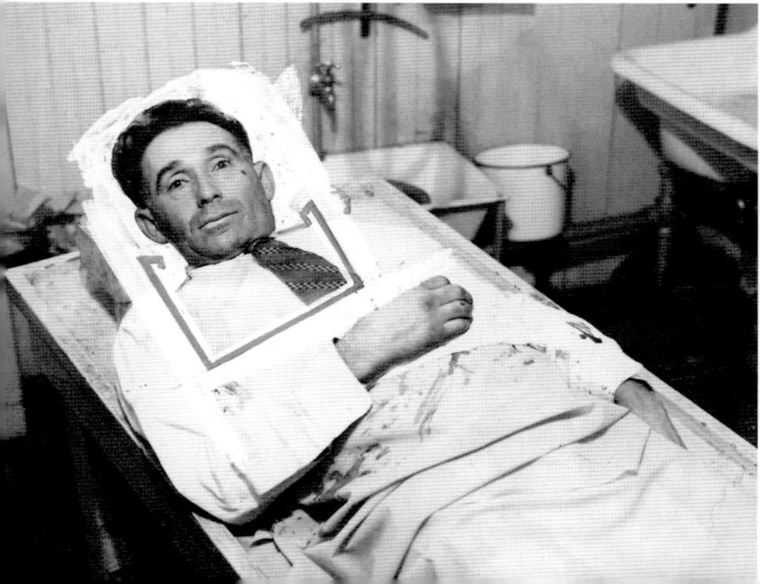

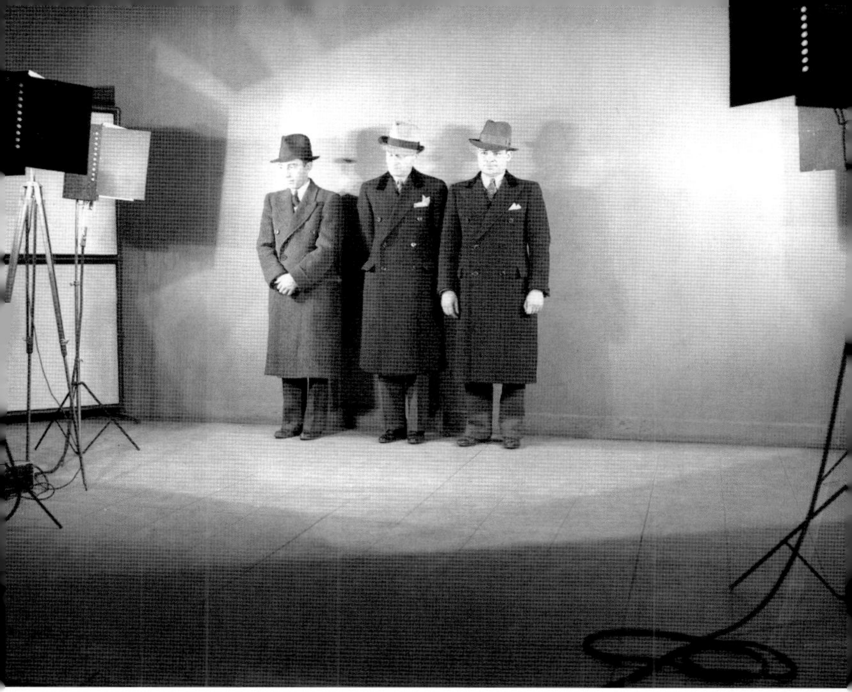

31. Dezember 1935

Lew Blank, **Ben Levine** und Joseph Mazzariello (v.l.n.r.) werden in einer Polizeistation fotografiert, nachdem sie bei einer Autoschieber-Razzia festgenommen wurden.

Photo: Daily News

13. Februar 1936

„Machine Gun“ Jack McGurn (geboren James Vincenzo DeMora), Capones Mörder Nummer Eins und als einer der Schützen des St.Valentinstag-Massakers identifiziert, wird in einer Bowlinghalle in der Milwaukee Avenue in Chicago erschossen.

Obwohl er einst eine Karriere als Nachtclubbesitzer begonnen hatte (9.11.1927, **Joe E. Lewis‘** versuchter Mord) und einer von Capones härtesten Kriminellen gewesen war, endete er alleingelassen und ohne Geld in der Tasche. Viele dachten, dass der Anschlag von Capone angeordnet worden war, dem McGurn lästig wurde. Tatsächlich waren die beiden Mörder wohl Überbleibsel der Moran Gang, die eine Valentinskarte in die linke Hand ihres Opfers legten:

„You’ve lost your job, you’ve lost your dough, your jewels and handsome houses. But things could be worse, you know. You haven’t lost your trousers“.

(Du hast deinen Job verloren, du hast dein Geld verloren, deine Juwelen und dein hübsches Haus. Aber es hätte schlimmer kommen können, weißt du. Du hast deine Hose nicht verloren.)

14. Februar 1936

Alex „Kid Tiger“ SZYCOWSKI, ein Chicagoer Gangster und Gefolgsmann von Al „Scarface“ Capone, wird bei seiner Ankunft in Wien, Österreich, verhaftet.

20. Mai 1936

William Swartz, ehemaliger Manager des Mounds Club in Ohio, erschießt den Leibwächter Harry „Champ“ Joyce, als dieser das Hollender Hotel durch den Ausgang in der Vincent Avenue verlässt. Swartz wurde des Mordes angeklagt, dann aber des Totschlags für schuldig befunden und zu 1–20 Jahren im staatlichen Zuchthaus von Ohio verurteilt. Er trat seine Strafe im November 1937 an und wurde im November 1938 bedingt entlassen.

3. Juni 1936

In den frühen Morgenstunden findet eine Polizeirazzia mit 25 Beamten im Hinterhof der beiden Purple-Gangster **Louis Fleischer** und **Sam Bernstein** statt.

Man findet einen Graham-Paige-Sedan, der oft von der Gang bei Diebstählen in Southern Lower Michigan benutzt wurde. Die Polizei nimmt Louis Fleischer und seine Frau **Nelly** fest, außerdem **Sam** und **Lilian Bernstein**. Das Auto war voller Einbruchswerkzeuge und Waffen aller Arten und Kaliber. Es wies auch ein Dutzend Einschusslöcher auf, die bezeugten, dass es Kämpfe mit der Michigan-Polizei gegeben hatte. Nach der Razzia wurden Louis und Nellie wegen verschiedener Strafdelikte angeklagt und zu 36 Jahren Haft verurteilt.

3. August 1936, 21.00 Uhr

Jack „Sol" Goldstein, ermordet.

Gerade als Jack „Sol" Goldstein seine Flitterwochen beginnen wollte, kam die Anweisung aus Manhattan: Joe Socks sollte „Sol" Goldstein eliminieren. Joe Socks war der Deckname von Socks Lanza, einem rücksichtslosen Wucherer, der die Geschäfte auf dem riesigen Fulton-Fischmarkt in Downtown Manhattan kontrollierte. Ein Auto mit drei Männern, **Louis „Pretty" Levine**, **„Mikey" Sikoff** und **Jack Cutler**, parkte vor „Sols" Flitterwochenhäuschen in den Catskills. „Sol" stieg ins Auto, und sie fuhren ab. Die junge Braut Helen sah ihren Mann nie wieder. „Pretty" zog einen Hammer heraus und schlug „Sol" auf den Kopf. Er wurde bewusstlos zum Seeufer des Lock Sheldrake gebracht. Dort packte **„Pittsburgh Phil"** sein Opfer in eine Decke. **„Allie Tic Toc" Tannenbaum** und **Jack Drucker** warteten in einem Ruderboot. Sie ruderten zur Mitte des Sees. Das Paket wurde von „Pittsburgh Phil" Strauss persönlich über Bord geworfen.

14. August 1936

Letzte öffentliche Hinrichtung in den USA.

Dem 24-jährigen Schwarzen Rainey Bethea wurde die zweifelhafte Ehre zuteil, als letzter Mensch in den Vereinigten Staaten öffentlich hingerichtet zu werden. Die Hinrichtung fand vor 20.000 Menschen in Owensboro, Kentucky, statt.

5. September 1936

Irving „Irv" Ashkenas wird tot in der Nähe eines Ressorthotels gefunden.

Durch die Tür seines Wagens gefallen und am Trittbrett hängengeblieben, waren seine Füße noch im Wagen, der Kopf lag im Staub der Bergstraße. Sechzehn Kugeln hatten sein Leben ausgelöscht. Über seinem staubigen, zerfetzten Körper stand auf einem Schild die unpassende Aufschrift: Hotel of Happiness.

Ashkenas war ein Taxibesitzer, der den Mitarbeitern des Distriktstaatsanwalts Dewey über die Machenschaften des Mobs im Taxigeschäft in Manhattan erzählte. Der in Litauen geborene amerikanische Taxifahrer war anscheinend zu ehrgeizig geworden. Er war selbst in die Catskills gefahren, um eigene Nachforschungen anzustellen. Irving Ashkenas, ein **Lepke**-Abtrünniger, bot ein Shuttle-Taxiservice für Catskills-Urlauber. Er wurde neben seinem eigenen Wagen in der Nähe des Paramount-Manor-Hotels in Lock Sheldrake gefunden, nicht weit entfernt von der Kalkgrube, in welcher der auf mysteriöse Weise ums Leben gekommene **Charles „Chink“ Sherman** ein paar Monate zuvor gelegen hatte. Fünf der sechzehn Kugeln, die Ashkenas töteten, wurden in seinem Kopf gefunden.

HOTEL OF HAPPINE
NY 36
034-657

5. September 1936

Der Gangster **Irving Ashkenas** liegt neben seinem Auto auf dem Boden, nachdem er von Mitgliedern der Murder Inc. im Norden des Staates New York ermordet wurde.

Photo: Daily News

13. September 1936

Joseph Rosen, 46, ein Süßwarenladenbesitzer in Brooklyn, wird in seinem Geschäft ermordet. Er wird von nicht weniger als 17 Kugeln getroffen.

Dieser Mord wurde von **Louis „Lepke" Buchalters** Männern – Louis Capone und **Emanuel „Mendy" Weiss** – ausgeführt . Rosen hatte ein Speditionsunternehmen für die Bekleidungsindustrie betrieben und war von Lepke hinausgedrängt worden. Seine oftmalige Androhung, mit den Behörden über Buchalter und seine Geschäfte zu reden, besiegelte sein Schicksal. Rosen war einer von denen, die nicht auf die Lepke-Gurrah-Abgesandten hören wollten, wenn diese vorbeikamen und warnten, er solle seinen Mund halten. Buchalter, Louis Capone und Emanuel „Mendy" Weiss wurden einige Jahre später dieses Mordes beschuldigt, angeklagt und verurteilt.

18. Oktober 1936

Der Canarsie-Schneider August Justriano wird von **Harry „Pittsburgh Phil“ Strauss** und Harry „Happy“ Maione nach einem Streit wegen einer Frau erschossen.

8. März 1937

John Spellman wird in einem Restaurant in der 1135 Flatbush Avenue in New York erschossen.

10. April 1937

Im zweiten Stock des Hauses 144 Second Avenue befand sich das Boulevard Restaurant, ein die ganze Nacht geöffnetes Café und Spiellokal. Um 3.20 Uhr morgens drang eine unerfahrene, zusammengewürfelte Bande junger Räuber dort ein – zu einem Zeitpunkt, als zwei Polizisten in Zivil dort gerade eine kurze Kaffeepause machten.

Arthur „Hutch" Friedman, 20, stürmte die Stiegen hinauf, gefolgt von Dominick Guariglia, 17, **Benjamin „Little Benny" Ertel** und Joseph Harvey O'Laughlin, 22. Draußen auf dem Gehsteig blieben **Philip „Sonny" Chaleff** und **Isidore „Little Chemey" Perlmutter** zurück – in welchem Ausmaß diese beiden an der Tat beteiligt waren, war unklar. Die beiden Gesetzeshüter griffen zu ihren Waffen, und in einem wilden, raschen Schusswechsel wurde einer der Polizisten, Detective Michael Foley, tödlich verwundet.

Der Fall der Möchtegern-Gangster, von der Presse als die *„East Side Boys"* bezeichnet, weil sie alle aus der Lower East Side stammten, machte kurzfristig Schlagzeilen. Guariglia, O'Laughlin, Friedman, Chaleff und ein fünfter Angeklagter, **Isidore „Beansy" Zimmerman** – der bei der Tat selbst nicht dabei war, aber beschuldigt wurde, eine der Pistolen Kaliber 38 besorgt zu haben – wurden am 14. April 1938 des Mordes schuldig gesprochen.

Guariglia, O'Laughlin und Friedman wurden am 26. Januar 1939 in Sing Sing hingerichtet. Die Urteile von Chaleff und Zimmermann wurden in lebenslange Haftstrafen umgewandelt.

Chaleff starb 1954 im Gefängnis. Zwei der angeklagten „East Side Boys“, Ertel und Perlmutter, konnten fliehen und standen nicht mit den anderen vor Gericht. Ertel wurde 1938 in Washington, D.C., festgenommen, vor Gericht gestellt und 1940 wegen seiner Beteiligung an dem Raubüberfall hingerichtet. Perlmutter starb 1956, ohne jemals vor Gericht gestanden zu sein.

Isidore Zimmerman wurde nie der direkten Beteiligung an der Tat beschuldigt, und alle Beteiligten erklärten, dass er in jener Nacht nicht einmal in der Nähe des Restaurants gewesen sei. Er wurde vielmehr dessen angeklagt, eine der Pistolen besorgt zu haben – eine Beschuldigung, die er während der gesamten 24 Jahre seiner Haft bestritt. 1962 wurde er aus der Haft entlassen, als bewiesen wurde, dass einer der Zeugen gegen ihn bei der damaligen Verhandlung gelogen hatte. Der Staat nahm von einer neuerlichen Anklage Abstand, und Zimmerman kehrte – nach einer sehr, sehr langen Abwesenheit – nach Hause zurück.

25. Mai 1937, 7.30 Uhr

George „Whitey" Rudnick, Gangster, ermordet.

Die Aussicht auf die Jefferson Avenue zwischen Evergreen und Central in Brooklyn war gespenstisch. Hinten am Boden eines schwarzen Buick lag ein gekrümmter Mann, der buchstäblich zerhackt worden war. Seine Stirn war offen bis zum Knochen, eine Schnur war so eng um seinen Hals gebunden, dass die steife, trockene, violett verfärbte Zunge zwischen seinen zusammengebissenen Zähnen hervortrat. Sein Nacken und sein Hals bis hinunter zur Brust waren voller runder Stichwunden, als ob ein Spieß nach dem anderen in sein Fleisch gebohrt worden wäre. Eine schlecht getippte Notiz wurde in seiner Hosentasche gefunden. Sie besagte, dass das Opfer beziehungsweise das, was davon übrig war, George „Whitey" Rudnick wäre.

Dana Rudnick wurde von der Polizei gebeten, ihren Sohn zu identifizieren. Sie brach bei dem Anblick zusammen. Es waren 63 Stichwunden im Körper, 13 im Nacken sowie zwischen Kinn und Brustbein. Auf der rechten Brustseite waren 50 kleine runde Wunden. Auf seiner Stirn sah man durch Platzwunden den Schädel. Sein Gesicht war blau verfärbt, die Zunge herausgestreckt. Entlang der Kehle lief eine weiße Linie von der Breite einer Wäscheleine. Als sein Herz freigelegt wurde, fand man die Herzwand von Stichwunden durchbohrt. Dr. Martens Autopsiebericht kam zu folgendem Schluss: „Ursache des Todes waren die zahlreichen Stichwunden; Ersticken durch Strangulation kam auch zur Todesursache hinzu. Die Kopfwunde könnte von einem Beil, vielleicht von einem Fleischerhackmesser herrühren." Rudnick wurde am 24. Mai nachts um 4.00 Uhr erschlagen. George Rudnick wurde „Whitey" gerufen, da man wußte, daß er süchtig nach dem weißen Pulver war.

Drei Jahre später war die Sache noch immer nicht aufgeklärt. Dann packte **Abe „Kid Twist" Reles** bei der Polizei aus. Am selben Nachmittag wurden „Happy" Maione, „The Dasher" Abbandando und **„Pittsburgh Phil" Strauss** wegen Mordes angeklagt.

7. Juni 1937

Jean Harlow, platinblondes Busenwunder und Schauspielerin, stirbt im Alter von 26 Jahren an Nierenversagen.
Jean Harlow (Harlean Carpenter) war einst die große Liebe des New-Jersey-Syndikatbosses **Abner „Longy" Zwillman**.

Hochsommer 1937

Walter Sage, der beim Münzautomatengeschäft des Jersey-Syndikats abgesahnt hatte, wird erwürgt, von einem Eispickel durchstoßen und an einen Flipperautomaten angebunden in einen See in den Catskill Moutains, New York geworfen.

Walter Sage tat immer das Beste für den Mob. Seine Leistungen wurden mit der Beförderung zum Distriktmanager für die Münzmaschinen in Sullivan County belohnt. Die Automaten brachten gute Einnahmen, da sie in den Catskills aufgestellt waren, wo sich freigiebige Urlauber aufhielten. Für ein oder zwei Jahre war Walters Verwaltung zufriedenstellend. Im Hochsommer 1937 liefen die Dinge plötzlich schief. **Reles** und die Direktoren des Syndikats entdeckten Unregelmäßigkeiten in Sages Buchführung – nicht alle Einnahmen erreichten die Konten des Mobs.

Sage wurde von seinem alten Freund **„Gangy“ Cohen** auf eine Fahrt mitgenommen. „Gangy“ Cohen war ein Gigant von 230 Pfund, ein Gangster, der später Schauspieler wurde. Im Auto schlang sich „Gangys“ linker Arm um Sages Nacken und hielt den Münzautomatenmanager in eisernem Griff. **Jack Drucker** (ein anderer Kumpel aus Brooklyn) schlug den Pickel 32 Mal in Walters Nacken und Brust. Der Körper wurde in **„Pretty“ Levines** Auto umgeladen und an das Ufer eines der Bergseen gebracht. Dort wurde ein Flipperautomat von **„Pittsburgh Phil“ Strauss** um Sages Hals gebunden und das gesamte Bündel in den See geworfen. Der Flipperautomat war symbolisch gemeint.

August 1937

Willie Holmes, Kollege von **Harry „ Lucky“ Millman**, einem Purple-Gangster aus Detroit, wird geschickt, um Millmans Auto zu holen. Willie wird in kleine Stücke gerissen, als er den Starter bedient. Eine Bombe war unter Millmans Motorhaube platziert.

29. September 1937

Beatrice G. Cohan, **Caroline E. Gross**, **Viola Levy**, Sarah E. Willis, **Julia Ehrentreu** (Obfrau) und Adelaide Oliver (v.l.n.r.) sind die ersten sechs weiblichen Geschworenen beim Obersten Gericht in der Geschichte des Bundesstaates.

Photo: Daily News

1. Oktober 1937

Max Rubin, 48, erschien vor dem Manhattaner Schwurgericht und offenbarte dort **Louis „Lepke“ Buchalters** Machenschaften im großen Mehl- und Bäckereigeschäft. Als er die U-Bahn bestieg, um heimzufahren, rief der ihm folgende **„Shloime“** seinen Mob-Partner **„Cuppie“** an, der bereits in der Bronx auf das Stichwort wartete, um zuzuschlagen. Aus der U-Bahn kommend, lief Rubin in sein Verderben. Als der Schuss fiel, war er genau gegenüber dem dortigen Spital, was ihm das Leben rettete. Sein Mörder kam von hinten, presste die Mündung seines Gewehrs an Rubins Schädel und feuerte einen Schuss ab. Die Kugel trat im Nacken ein, ging genau durch seinen Kopf und kam zwischen Nase und Auge heraus. Der Schütze war sich offensichtlich so sicher, dass er kein zweiten Schuss abgab. Die Nerven von Rubins Nacken waren durchtrennt, die Muskeln zerrissen, und sein Kopf blieb für immer schief, aber er überlebte. 38 Tage schwebte er im Krankenhaus zwischen Leben und Tod; seine Aussage in der Mordsache **Joseph Rosen** war entscheidend für Lepkes Todesurteil.

25. Oktober 1937

Lew Brunnemann, West-Coast-Spieler, der dem Mob die Teilung seiner Gewinne verweigerte, wird von Leo „Lips" Mocery erschossen.

Die Polizei nahm einen anderen Mann als Mörder fest, der verurteilt und ins Gefängnis gebracht wurde.

25. November 1937

Harry „Lucky" Millman, Mitglied der berüchtigten *Purple Gang*, wird erschossen.

Zwölf Kugeln perforierten vor den Augen entsetzter Barbesucher seinen Körper. Er stand trinkend mit ein paar Freunden in Boeskys Restaurant an der Bar, Ecke Hazelwood und zwölfte Straße. Die zwei Männer, die hereinkamen und wild um sich schossen, trafen nicht nur Harry, sondern auch fünf andere Gäste. Wahrscheinlich waren es Max und Moritz von der Murder Inc., **Harry „Pittsburgh Phil" Strauss** und Harry „Happy" Maione.

Da Millman in den zehn Jahren seiner Verbrecherkarriere, die von Anklagen wegen Erpressung, bewaffneten Überfalls und Entführung begleitet war, immer wieder der Verurteilung entging, trug er in der Unterwelt den Spitznamen „Lucky".

Nach einem Bericht in der Detroiter Presse vom 28. November wurde Harry ermordet, weil er in Bordellen abkassierte, die unter dem Schutz seiner Kollegen, dem Detroit Mob, standen. Nach einem misslungenen Versuch im Sommer davor war der Detroit Mob mit Hilfe der Murder Inc., der schießenden Truppe des Syndikats, erfolgreich.

Polizisten begutachten die kugeldurchsiebte Leiche **Harry „Lucky" Millmans**.

Photo: Corbis

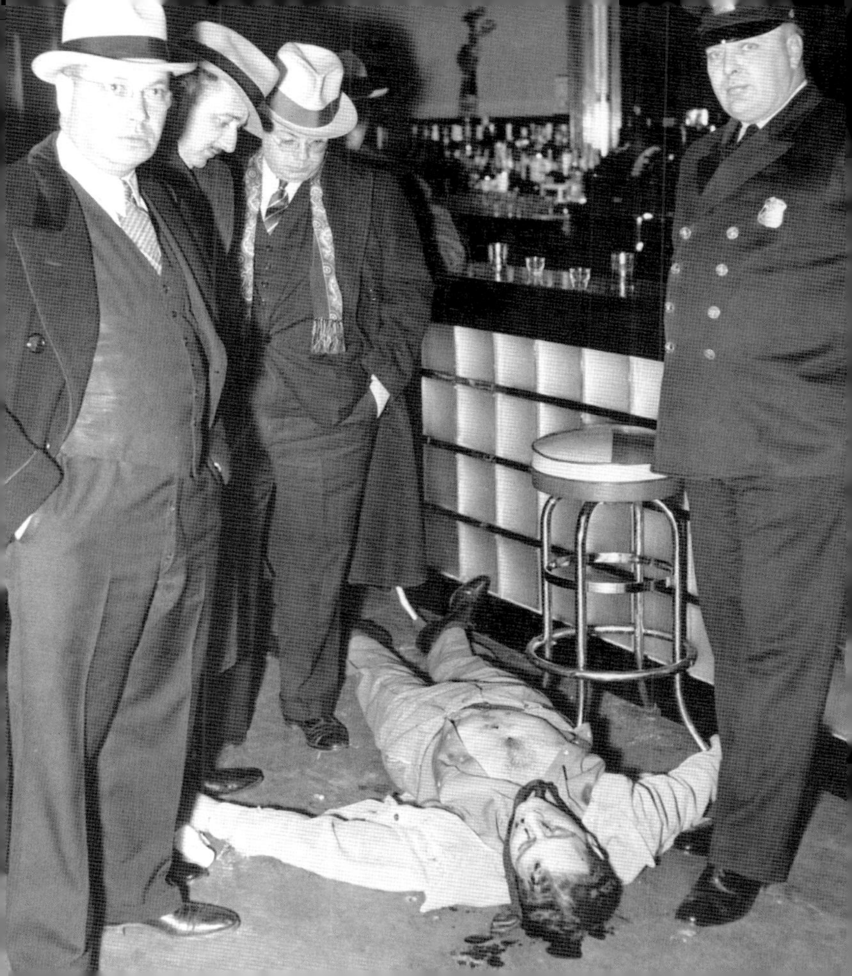

11. Dezember 1937

Harry Gross, erschossen.

20. Mai 1938

Charles Blum, **David „Whitie Krakow“ Krakauer** (der Schwager von „**Bugsy“ Siegel**) und **Irving „Knadles“ Nitzberg** werden wegen Geldfälschung angeklagt.

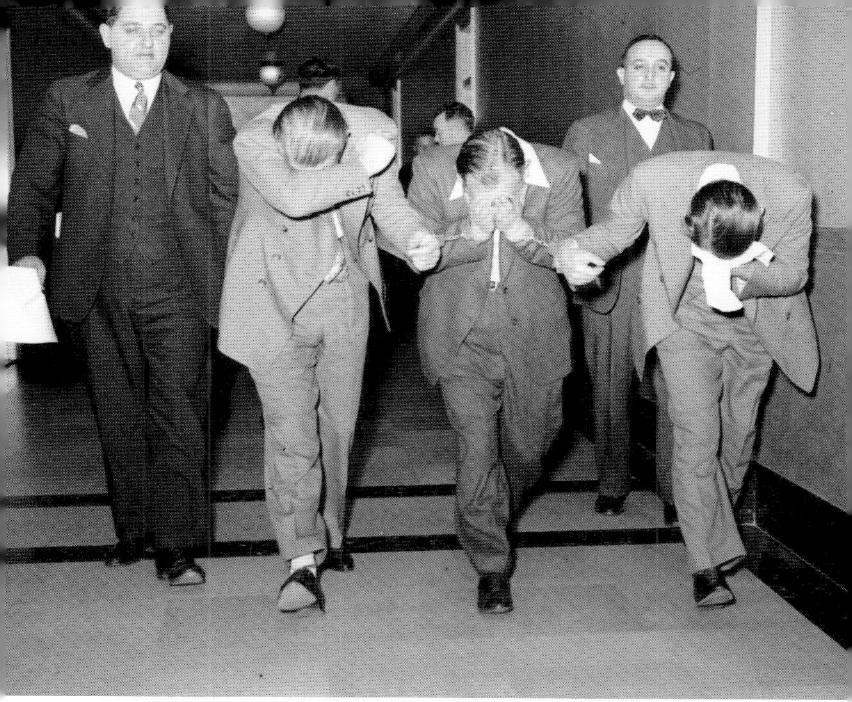

Charles Blum, **David Krakauer** und **Irving Nitzberg** (v.l.n.r.) zeigen sich bei ihrer Anklage vor Gericht fotoscheu.

Photo: Daily News

18. Juli 1938

Michael Fugmann wird in Pennsylvania hingerichtet. Er wurde überführt, eine Bombe gelegt zu haben, die drei Menschen das Leben kostete.

29. September 1938

Irving Milberg, 35, ein Purple-Gangster, stirbt im Gefängniskrankenhaus von Detroit an Bauchfellentzündung. Milberg, geboren 1903 und aufgewachsen in Brooklyn, kam Ende 1923 zum ersten Mal nach Detroit, um im „Oakland Sugar House War" mitzukämpfen, und wurde bald zu einem der besten Männer der Purple Gang. Im März 1928 wurde er vom Vorwurf der Tötung zweier Schwarzer bei einer Schlägerei in einer Bar in Paradise Valley in Detroit im August 1927 freigesprochen. Ebenfalls 1928 wurde er, so wie viele andere Purples, in dem großen Erpressungsverfahren im Zusammenhang mit dem „Cleaners and Dyers War" angeklagt, aber ebenfalls freigesprochen. Nach Verbüßung einer zweijährigen Haftstrafe in Leavenworth kehrte Irving Milberg 1931 nach Detroit zurück. Er wurde der Beteiligung am „Massaker von Collingwood Manor“ im September 1931 überführt und zusammen mit **„Ray“ Bernstein** und **Harry Keywell** wegen dieser Morde zu lebenslanger Haft verurteilt. Im September 1938 erkrankte er nach einer Operation wegen Darmverstopfung an Bauchfellentzündung und starb – im siebenten Jahr seiner lebenslangen Haftstrafe – am 29. September. Milbergs Grab liegt zwei Plätze neben dem von **Charles „The Professor“ Auerbach**, einem Waffenlieferanten der Purple Gang.

POLICE DEPARTMENT
CITY OF NEW YORK
4
24480

4. November 1938

Abe „Kid Twist" Reles (Mitte) und zwei seiner Gefolgsleute auf einem Polizeifoto.

Photo: Daily News

10. November 1938

Leon und **Ray Scharf** verschwinden spurlos aus New York. Sie wurden möglicherweise auf Befehl von **Louis „Dutch Goldberg“ Shomberg** ermordet.

28. Jänner 1939

Louis “Louis Cohen“ Kerzner 35, und **Isadore „Danny Fields“ Friedman**, 40, werden in einem Kugelhagel an einer Straßenecke der Lower East Side, New York getötet.

Polizisten untersuchen die Leiche des in der Lewis Street erschossenen Gangsters **Louis „Louis Cohen“ Kerzner**, dem Killer von **Kid Dropper**. Kerzners Pistole liegt neben ihm (Kreis).

Photo: Daily News

29. Jänner 1939

George Weinberg, 37, Gangster, begeht Selbstmord in White Plains, New York.

George Weinberg, der Bruder von **Dutch Schultz**’ rechter Hand **Abe „Bo“ Weinberg**, betreute die Gelder von Dutch Schultz` Unternehmungen. Nach dem Mord an Schultz in der Nacht des 23.10.1935 und dem Verschwinden seines Bruders Abe im selben Jahr entschloss sich George Weinberg, Informant zu werden und gegen seine früheren Kollegen auszusagen.

Am 29. Jänner 1938 beging Weinberg Selbstmord. Er war in einem „sicheren“ Haus in White Plains, New York unter Polizeibewachung untergebracht. Er stahl die Dienstwaffe eines Detektivs, der ihn beschützen sollte, und schoss sich in den Kopf.

24. Februar 1939

Tammany-Hall-Bezirksvorstand James H. Hines wird überführt, Bestechungsgelder von **Dutch Schultz'** Gang angenommen zu haben. Die Untersuchung wird vom New Yorker Bezirksstaatsanwalt Thomas E. Dewey geleitet.

30. März 1939

Joseph „Honey Boy" Miller (eigentlich Joe Arbus), früherer Geschäftspartner von **Lepke**, wird erschossen.

April 1939

„Whitey" Friedman, ein Gewerkschafter, wurde verdächtigt, Informationen über Lepke weitergegeben zu haben. Aus seinem Versteck ordnete dieser „Whiteys" Ermordung an.

Die Anordnung ging an einen Schlägertrupp, der von Lepkes Leutnant **Tom Kutty** (echter Name Cutler bzw. Kutler), angeführt wurde. Als „Whitey" Friedman die U-Bahn in Brooklyn verließ, wurde er mit einer Schrotflinte in den Hinterkopf geschossen. Schützen bei dem Job waren **Harry „Pittsburgh Phil" Strauss**, Schrotflinte; „Blue Jaw" Magoon, Pistole; und der Lenker des Wagens, **„Buggsy" Goldstein**. **„Mickey" Syckoff** fuhr den Begleitwagen.

28. April 1939

Albert „Plug" Shuman wird erschossen aufgefunden, nachdem er von **Albert „Allie Tic Toc" Tannenbaum** und **Irving „Knadles" Nitzberg** (Nijberg) zu einer Fahrt mitgenommen worden war.

10. Mai 1939

Samuel „Tootsie" Feinstein wird von **Charlie „The Bug" Workman** „zu einer Fahrt mitgenommen". Workman begräbt Feinstein in Lyndhurst, New Jersey, in der Kalkgrube eines Gang-„Friedhofs", den der Mob am Ufer des Passaic-Flusses unterhielt.

25. Mai 1939, gegen 5.45 Uhr

Morris „Moish" Diamond, ein in Polen geborener Lastwagenfahrer und Gewerkschaftsabgeordneter, der gegen die Machenschaften des Mob anging, wird im Frühverkehr an der Ecke 68th Street 18th Avenue in New York durch sechs Kugeln getötet. „Moish" Diamond war der Geschäftsvertreter der örtlichen Lastwagenfahrergruppe Nr. 138. Er ging zum Büro des Bezirksstaatsanwalts Thomas E. Dewey und erzählte von den Manipulationen, die **Lepkes** Mob durchführte. Der Mob bekam schnell davon Wind. Auf Lepkes Anordnung wurde das Attentat von Albert „The Mad Hatter" Anastasias Männern ausgeführt. Der Schütze war Narbengesicht „Dandy Jack" Parisi. Unterstützt wurde er von „Happy" Maione, Angelo „Julie" Catalona und Albert Anastasia persönlich

14. Juli 1939

Der New Yorker Staatssenator C. Tracy Stagg wird in den Wäldern nahe seines Heims in Ithaca mit einer selbst zugefügten Schusswunde tot aufgefunden. Eine Notiz besagt, dass gesundheitliche Gründe und Stress bei der Arbeit ihn zu diesem Schritt gebracht hätten.

14. Juli 1939, nachts

Peter Panto, 28, ein Hafenarbeiter, der gegen die Regeln der Gangster im Hafenviertel Krieg führte, wird tot aufgefunden.

Der junge Panto war Anführer der Hafenarbeiter. Panto stellte eine Bedrohung für die von Albert Anastasia kontrollierten Geschäfte im Hafen dar. In der Nacht, in der Panto eigentlich Alice Maffia besuchte, die er im Oktober des Jahres heiraten wollte, wurde ein Treffen mit zwei Gewerkschaftsmitgliedern ausgemacht. Die „Gewerkschaftsmitglieder" boten Panto Geld, um seinen Gewerkschafts-Kreuzzug zu beenden. Als er verweigerte, stießen sie ihn in ein Auto. **Emanuel „Mendy“ Weiss** saß darin. Panto wurde „zu einer Fahrt mitgenommen“. Er kämpfte, aber „Mendy“ Weiss, ein rund 200 Pfund schwerer Mann, würgte Panto. Dieser schaffte es noch, in „Mendys“ Finger zu beißen, bevor er starb. Der Gangster musste später zum Arzt. Weiss ermordete Panto als Gunst für seinen alten Freund Albert Anastasia.

28. Juli 1939, morgens

Irving Penn, ein bekannter Musikherausgeber, wird erschossen, als er von seinem Haus zu seinem Büro in der Bronx, New York geht.

Penn wurde von „Dandy Jack“ Parisi, assistiert von „Blue Jaw“ Magoon und Louis Capone (keine Beziehung zu Chicagos Al Capone), erschossen. Die Männer hatten den Auftrag von **Lepke**, **Philip Orlofsky** zu töten, ein offizieller Gewerkschafter, der einst mit Lepke im Bekleidungsgewerbe verbunden gewesen war. Als die offiziellen Ermittlungen immer mehr zunahmen, war es zu gefährlich, ihn am Leben zu lassen. Unglücklicherweise für Penn lebte Orlofsky im selben Gebäude, und sie waren sich in Körperbau und Erscheinung ähnlich. Als Penn zur Arbeit ging, dachten die wartenden Mörder, er sei der Gewerkschaftsmann, und so erlag Penn einer Verwechslung, die nie mehr rückgängig gemacht werden konnte.

6. August 1939

Hyman „Hy" Yuran (auch bekannt als Yoell Miller) wird von Mitgliedern der Murder Inc. in **Lepkes** Auftrag umgebracht.

Yuran war ein wohlhabender Kleiderfabrikant. Lepke, der sich nun um die Bekleidungsindustrie kümmerte, „benutzte" Yuran in einem Ausmaß, dass der Fabrikant fast genauso in die kriminellen Machenschaften involviert war wie der Boss des Mobs selbst. Als im Jahr 1939 sich Lepkes Erpressungsprozess näherte, wurde klar, dass Yuran als Informationsquelle gegen den Zar der Industriekriminalität diente. Yuran machte gerade Ferien in den Catskills, als Lepke ein Mordkommando beauftragte.

„Pittsburgh Phil“ Strauss und **„Allie Tic Toc“ Tannenbaum** holten gemeinsam mit ihren Helfern **Sholem „Dreamy Eyes“ Bernstein** und **Jack Drucker** Hyman Yuran von einem Kabarett ab, wo er sich an diesem warmen Augustabend unterhielt. Hyman wurde von dem Quartett erschossen. Sie begruben Yuran in einem mit ungelöschtem Kalk gefüllten Loch.

1. September 1939 (Labour Day), Mitternacht

Der Auftragsmord an **Irving "Puggy" Feinstein** findet in **Abe "Kid Twist" Reles** Haus in Brooklyn statt. Beauftragt war **Harry „Pittsburgh Phil“ Strauss**.

Bevor „Puggy“ überwältigt werden konnte, biss er seinen Peiniger Strauss in den Finger. Wütend über den Vorfall, beschloss Strauss gemeinsam mit seinen Mithelfern Abe Reles, **Martin „Buggsy“ Goldstein**, „Blue Jaw“ Magoon und „Dukey“ Mafettore, das Dahinscheiden ihres Opfers noch länger hinauszuzögern und schmerzhafter zu machen als vorgesehen. Sie banden ihrem Opfer einen Strick um Hals und Füße. Wenn sich das Opfer bewegte, zog sich der Strick fester zusammen, und das Opfer strangulierte sich somit selbst. Noch immer gereizt über die Wunde an seinem Finger, brachte „Pittsburgh Phil“ mit seinen Kumpanen den Körper zu einem freien Bauplatz und zündete ihn an.

Nachdem „Puggys“ verkohlter Körper identifiziert war, trug Dr. George W. Ruger seinen Autopsiebericht vor: „Nur die Füße hatten keine Brandwunden, blutiger Schaum füllte die Kehle. Die Lungen waren dunkelblau-rot. Der Tod erfolgte durch Strangulierung, das Opfer wurde mit einer ätherischen Flüssigkeit verbrannt. Es roch stark nach Benzin.“

16. Oktober 1939

Harry Schober wird nur ein paar Meter von der Ecke, an der **“Whitey” Rudnick** ermordet wurde, erschossen.

Schober wurde von Vito „Chicken Head“ Gurino und Harry „Happy“ Maione exekutiert; der Gangster Angelo „Julie“ Catalano war bei diesem Job Fahrer, ohne eingeweiht zu sein.

17. Oktober 1939, nachts

Ruben Smith Litvin, Supermarkt- und Parkplatzbesitzer, Sohn von **Joe Litvin**, wird von **Abe „Kid Twist“ Reles** und **Max „The Jerk“ Golob** ermordet.

Joe Litvin, der einen der ersten Supermärkte eröffnet hatte und einen großen Parkplatz in East New York besaß, benötigte Geld und wandte sich an Kredithaie. Obwohl Litvin die Absicht hatte, das Geld zurückzuzahlen, gaben ihm die Wucherer keine Möglichkeit. Seine Schulden wuchsen täglich. Probleme wurden unvermeidlich. „Kid Twist“ Reles und „The Jerk“ Golob, gefahren von **„Pittsburgh Phil“ Strauss**’ Bruder **Alex**, fuhren in einer Nachtaktion los, um Autoreifen auf Litvins Parkplatz aufzuschneiden. Überrascht von Litvins Sohn Ruben stachen Reles und Golob auf diesen ein und ließen den jungen Mann verblutend zurück.

22. November 1939

Harry „Big Green" Greenberg wird in seinem Auto vor seinem Haus in Bel Air, Los Angeles, Kalifornien erschossen.

„Big Greenie", auch bekannt als Harry Schachter und Harry Greenberg, galt als Insider in der Nähnadelindustrie. **„Lepke" Buchalter** entschied, diese den anderen von ihm kontrollierten Industriezweigen hinzuzufügen. Das Problem wuchs mit der Dewey-Untersuchung, und „Big Greenie" flüchtete nach Kanada. Sein Ultimatum an **Emanuel „Mendy" Weiss** (in Abwesenheit von Lepke), „Geld, oder ich werde singen", besiegelte sein Schicksal.

Er entkam dem Anschlag von **„Allie Tic Toc" Tannenbaum**, von Kanada über Detroit nach Los Angeles fliehend, wo er letztendlich am Thanksgiving-Abend doch eingeholt wurde. Vor seinem Heim in Bel Air warteten in zwei Wagen Tannenbaum, **„Bugsy" Siegel** (der als Gunstbezeugung für Lepke das Kommando übernahm), **„Whitey Krakow" Krakauer**, Siegels Schwager und Frank Carbo auf Greenberg. „Big Greenie" parkte sein Auto, und bevor er aussteigen konnte, wurde fünf Mal auf ihn geschossen. Er starb auf der Stelle. „Big Greenie" wurde Südkaliforniens erstes namhaftes Bandenopfer. Der Kreis des Verbrechens schloss sich somit auch auf diesem neuen Bandenterritorium.

1939

William Snyder, Gewerkschafter, wird erschossen.

William Snyder, der von **Lepke** als Gewerkschaftspräsident der Spediteure eingesetzt war, unterstützte überraschend die Fahrer bei ihren Forderungen an Lepke. Es ging um höhere Löhne. Die Schlichtung des Streits wurde vorgeschlagen, und 14 Delegierte trafen sich in einem Restaurant in der New Yorker Innenstadt. Herein kam ein unscheinbarer Mann, der von hinten auf Snyder zutrat. Als sich die andern 13 Verhandler duckten, feuerte der Unscheinbare zwei Kugeln auf den Gewerkschaftspräsidenten ab und tötete ihn. Diese abrupte „Abdankung" beförderte Vizepräsident **Wolfie Goldis** zum Präsidenten.

Der Truckerstreik wurde nie durchgeführt. Zwei Zeugen berichteten den Polizeidetektiven, dass sie den sterbenden Snyder den Namen von Wolfie Goldis Bruder **Morris** als seinen Mörder nennen hörten. Aber seltsamerweise wurden die beiden Zeugen niemals wieder befragt. Der Mann, der vor 13 Zeugen einen Mord beging, kam ungeschoren davon.

1939

Hyman „Curly" Holtz, verschwunden.

18. Jänner 1940

Sidney „Sid" Markham (**Markman**), 22, wird auf dem elektrischen Stuhl in Sing Sing, New York hingerichtet – überführt des Raubes und Mordes an dem jüdischen Händler **Isadore Frank**.

7. März 1940

Nach der sensationellen Aufdeckung des angeblichen Mordsyndikats Murder Inc. werden 12 Männer festgenommen. Drei davon sind **Harry „Pittsburgh Phil“ Strauss**, Harry „Happy“ Maione und Frank „The Dasher“ Abbandando: „Revolvermänner“, echte Henker, die pro Mord zwischen fünfzig und fünfhundert Dollar kassierten.

Sie landeten im Gefolge dieser Aufdeckung – die dadurch ausgelöst wurde, dass ihr Murder-Inc.-Kollege **Abe „Kid Twist“ Reles** aus Angst um sein eigenes Leben vor dem Bezirksstaatsanwalt zu „singen“ begann – letztlich auf dem elektrischen Stuhl.

Laut Bezirksstaatsanwalt William O’Dwyer sind der Murder Inc. mindestens 12 kurz davor verübte Morde sowie möglicherweise noch 21 weitere Morde anzulasten.

OFFICIAL CALENDAR
POLICE DEPARTMENT
1940
CITY OF NEW YORK
THURSDAY
7
MARCH
326013

7. März 1940

Die Murder-Inc.-Mobster **Harry „Pittsburgh Phil“ Strauss**, Harry „Happy“ Maione und Frank „The Dasher“ Abbandando (v.l.n.r.), aufgestellt für das Polizeifoto nach ihrer Verhaftung.

Photo: Corbis

15. April 1940

Die Polizei in Loch Sheldrake, New York, erhält einen Hinweis auf das Grab von **Hyman Yuran**.

27. April 1941

Max „Boo Boo“ Hoff, 48, Betreiber illegalen Alkoholhandels in der Prohibitionsära, tot.

Seine zweite Frau Margaret fand seinen leblosen Körper im Schlafzimmer ihres Hauses im Westen von Philadelphia. Zuerst wurde Selbstmord vermutet, denn auf einem Tisch neben dem Bett wurde eine fast leere Dose der Schlaftabletten gefunden, die Hoff seit drei Jahren genommen hatte. Eine Autopsie ergab jedoch ein Herzleiden als Todesursache. „Boo Boo“ Hoff eröffnete 1917 einen Spielsalon in der heute als Society Hill bekannten Gegend von Philadelphia. Im ersten Stock wurde Billard gespielt, und im zweiten Stock ging es gewöhnlich beim Würfelspiel heiß her. Hoff benutzte sein Engagement im Boxen als Tarnung für seine anderen Aktivitäten. Boxen spielte in seinem Leben eine wichtige Rolle. In den späten 20er-Jahren hatte er mehr Preisboxer in seinem Stall als irgendjemand sonst im Land. Aus diesem Stall wurde 1928 die Firma Max Hoff Inc. – es war das erste Mal, dass aus einer Gruppe von Boxern ein eingetragenes Unternehmen gemacht wurde. Hoffs Haupteinnahmequelle blieben jedoch seine illegalen Alkoholgeschäfte, die seinem Syndikat gegen Ende der 20er-Jahre geschätzte fünf Millionen Dollar jährlich einbrachten. „Boo Boo“ genoss das schöne Leben, das er sich als einer der reichsten Gangster der Nation leisten konnte. Er bestand darauf, dass er „in keiner Weise, Art oder Form jemals mit dem Alkoholgeschäft zu tun hatte“. Der Bezirksstaatsanwalt von Philadelphia bezeichnete ihn dagegen als „König des illegalen Alkoholgeschäfts von Philadelphia“.

Frühjahr 1941

Zwei Wochen nachdem der Newark-Staatsanwalt William Wachenfeld einen Haftbefehl für **Charlie „The Bug“ Workman** erreicht hatte, verdoppelte die Gang ihre Anstrengungen in

Workmans Namen. **Benny „The Boss“ Tannenbaum** (keine Verbindung zu **„Allie Tic Toc“ Tannenbaum**) wurde während des Babysittings für Freunde in der Featherbed Lane in der Bronx erschossen.

Es scheint, dass „The Bug“ ohne das Wissen seiner Partner einen Helfer engagiert hatte, nämlich Benny „The Boss“. Als die Justiz sich immer mehr mit „The Bug“ befasste, erinnerte sich jemand, dass Benny als seine rechte Hand genug wusste, um „The Bug“ auf den heißen Stuhl zu bringen“.

12. Juni 1941

Martin „Buggsy“ Goldstein, 35, Mitglied der Murder Inc., wird um 11.00 Uhr auf dem elektrischen Stuhl in der Todeszelle des Sing-Sing-Gefängnisses, New York hingerichtet.
Harry „Pittsburgh Phil“ Strauss, 32, Hauptakteur der Murder Inc., wird um 11.06 Uhr auf dem elektrischen Stuhl in der Todeszelle des Sing-Sing-Gefängnisses, New York hingerichtet.

12. November 1941

Abe „Kid Twist“ Reles, 36, Mitglied der Murder Inc., stürzt auf mysteriöse Weise aus dem Fenster seines, von Polizisten bewachten, Zimmers.

Auf Anordnung des damaligen Bezirksstaatsanwaltes William O'Dwyer wird Abe Reles 1940 wegen Mordes festgenommen. Er war in eine Reihe von Morden verwickelt, und als klar wurde, dass auf ihn Sing Sing und der „alte Funkenschläger“ (der elektrische Stuhl) warteten, entschied er sich, Informant für das Büro des Bezirksstaatsanwaltes zu werden. Reles' Aussagen vom 16. Mai 1940 führten zur Verhaftung, Anklage und Verurteilung seines Bosses **Louis „Lepke“ Buchalter** und letztlich zu dessen Hinrichtung auf dem elektrischen Stuhl.

Es erübrigt sich zu sagen, dass viele hochrangige Mobster nicht gerade glücklich über Abes Wandlung zum Spitzel waren, da diese eine Gefahr für das gesamte von Lepke mitaufgebaute Syndikat darstellte. Den größten Schaden fügten Reles' Zeugenaussagen jedoch der Murder Inc. zu.

Bezirksstaatsanwalt William O'Dwyer stellte einen berüchtigten Killer der Organisation nach dem anderen unter Anklage – **Harry „Pittsburgh Phil" Strauss**, **Martin „Buggsy" Goldstein**, Abes Freund aus Kindheitstagen, **„Mendy" Weiss**, Harry „Happy" Maione – und brachte sie auf den elektrischen Stuhl von Sing Sing.

Aber William O'Dwyer, der auf dem Weg war, der neue Bürgermeister von New York City zu werden, hatte noch Größeres vor. Am 12. November 1941 hatte er einen Prozess gegen Albert Anastasia –zusammen mit Louis „Lepke" Buchalter der Chef der Murder Inc. – angesetzt, der ausschließlich auf der Aussage seines Starzeugen Abe Reles beruhte. Am frühen Morgen des 12. November 1941 stürzte der von sechs Polizisten bewachte Abe Reles jedoch auf mysteriöse Weise aus dem Fenster des Zimmers 623 im Half Moon Hotel in Coney Island, Brooklyn. Was an jenem Morgen wirklich passierte, wird wohl für immer ein Rätsel bleiben.

12. November.1941

Die Leiche von **Abe „Kid Twist“ Reles** vor dem Half-Moon-Hotel auf Coney Island nach seinem Fenstersturz aus dem 6. Stock.

Photo: Municipal Archives, NYC

2. Dezember 1941

Louis „Lepke" Buchalter, **Emanuel „Mendy" Weiss** und Louis Capone stehen am letzten Verhandlungstag vor Gericht, um ihre Verurteilung wegen des Mordes an dem bekannten Warenhausbesitzer **Joseph Rosen** entgegenzunehmen. Richter Taylor richtete seinen Blick auf Louis „Lepke" Buchalter und begann:

„Louis Buchalter, alias Lepke, zum Tode verurteilt wegen des Mordes an Joseph Rosen. Innerhalb der nächsten zehn Tage, wenn das Urteil nicht angefochten wird, soll Louis Buchalter von den Polizeibeamten von Kings County in das Sing-Sing-Gefängnis verbracht und dort bis zur Woche beginnend am 4.1.1942 in Einzelhaft gehalten werden. Innerhalb dieser Woche soll der Urteilsvollstrecker des Sing-Sing-Gefängnisses ihn, Louis Buchalter, alias Lepke, exekutieren, und zwar nach den Vorschriften des Gesetzes."

Lepkes Todesurteil war das erste und bis heute letzte, das über ein Führungsmitglied des nationalen Syndikats verhängt wurde.

Niemals zuvor war ein „König" des Verbrechens dazu verurteilt worden, mit seinem Leben für eines der zahllosen Opfer zu zahlen, die bei der Errichtung seines kriminellen Imperiums ihr Leben ließen. Lepke war der reichste Mann, der jemals in Amerikas Geschichte hingerichtet wurde.

1941

Die „Detroit Free Press" veröffentlicht die Namen der in den Vice-Ring von Hamtramck, Detroit, verwickelten Personen. Dieser Verbrecherring sicherte sich durch Bestechung und Schmiergelder die Dienste von Funktionären und Beamten der Stadtverwaltung. Zu den Gangstern gehörten **Sam „The Jap" Gross**, **Charles Berman**, **Irene Kaplan**, **Ike „Forty Grand" Levy**, **Kitty „Big Nose" Silverman** und ihr Ehemann **Jack „Jack Jesus" Silverman**.

19. Februar 1942

Harry „Happy" Maione wird auf dem elektrischen Stuhl hingerichtet.
Frank „The Dasher" Abbandando wird auf dem elektrischen Stuhl hingerichtet.

1942

Moses „Moe" Annenberg, 64, Medienmagnat, stirbt an Krebs, kurz nachdem er das Gefängnis verlässt, wo er wegen Steuerhinterziehung einsaß.

Die Annenbergs waren jüdische Neureiche. Ihr Vermögen basierte auf Moses Annenbergs Machenschaften rund um Pferderennen. Er hatte ein Monopol auf Wettinformationen, das von der Unterwelt abgesichert wurde. „Dass die Annenbergs und der Prohibitions- und Glücksspielmob etwas gemeinsam haben, steht außer Frage", sagte Albert Fried. „Ein Monopol auf Informationen, normalerweise unabhängig, gab dem

Mob das, was sie brauchten: die Möglichkeit, das komplexe, wildwuchernde Reich der Buchmacher und Wetten zu handhaben - es war ein Instrument ihrer Souveränität. Im Gegenzug dazu durfte Annenberg die regulären Profite einstreichen und wurde einer der reichsten Männer Amerikas, der Begründer einer der berühmten Dynastien in diesem Land.“

17. Februar 1943

Gangster Benny „Dinty“ Colebeck wird von unbekannten Angreifern mit Maschinengewehren umgebracht.

Eine Theorie besagte, dass dies ein Resultat seiner finanzkräftigen Aktivitäten bei Glücksspiel- und anderen Geschäften in East St. Louis, Illinois und Southern Illinois war. Colebeck war ein Anführer der Old Eagan Rats/Colebeck Gang, die im St. Louis der frühen Zwanziger aktiv war.

20. Juli 1943

Zum zweiten Mal wird die Todesstrafe über **Louis „Lepke“ Buchalter**, den mächtigen Gangster der Bekleidungsindustrie, und zwei Mitglieder seiner Gang, **Emanuel „Mendy“ Weiss** und Louis Capone, verhängt.

Das Berufungsgericht in Albany, New York, unter dem Vorsitzenden Richter Lehman verurteilte sie zum Tode auf dem elektrischen Stuhl in der Woche des 15. September.

Louis „Lepke“ Buchalter (rechts vorne) wird mit dem Auto vom Bundesgefangenenhaus in NYC zum Berufungsgericht in Albany gebracht.

Photo: Corbis

7. Dezember 1943

Leo Maimone wird mit drei Schusswunden im Kopf tot in der 132-138 Mulberry Street in New York aufgefunden.

1943

Unaufgeklärte Todesfälle in der Scranton Area, Pennsylvania.
Drei Männer werden tot aufgefunden:
Lew Marcowitz, Opfer einer Ausfahrt
Jack Steinberg, erschossen mit einer Schrotflinte
Sam Wichner, erschossen und in einem Kofferraum verstaut.

1943

Moses „Moey Dimples" Volensky wird bei einer Schießerei in einem New Yorker Restaurant tödlich verletzt. Volensky war ein langgedienter Partner von **Lepke**.

5. März 1944

Die Witwe (2.v.l.) von
Louis „Lepke“ Buchalter
beim Begräbnis ihres Mannes.

Der frühere Anführer der Murder Inc., der am 4. März 1944 auf dem elektrischen Stuhl in Sing Sing starb, wurde in einer schlichten Zeremonie auf dem Friedhof von Flushing im Familiengrab der Buchalters neben seiner Mutter beigesetzt.
Gerüchte, wonach Lepke seiner Frau eine Versicherung von 16 Millionen Dollar hinterlassen hätte, wurden von den Versicherungsunternehmen immer dementiert.

Photo: Corbis

1944

Die folgende Statistik belegt die polizeibekannten Verbrechen, in Hauptgruppen geordnet, die 1944 in New York City begangen wurden:

- Mord, Totschlag: 228
- Raub: 1.015
- tätlicher Angriff: 2.490
- Einbruch: 4.596
- Diebstahl: 10.466
- Autodiebstahl: 10.119

1944

Eddie Sarkesian, Spieler und Verbrecher, in Detroit ermordet. Es wurde vermutet, dass **Morris Raider**, ein ehemaliger Purple-Gangster, seine Hände im Spiel hatte. Der Mord wurde nicht aufgeklärt.

21. November 1945

Al „Bummy" Davis (Albert Davidoff), 25, Boxer, wird bei einem Raubüberfall erschossen, als er dem Kellner zu Hilfe kommen wollte.

Davis, ein harter und erfahrener Weltergewichtsboxer aus Brownsville, Brooklyn, war sogar in der schillernden Welt des Boxens eine einmalige Figur. Einmal forderte er den Mobster **„Bugsy" Siegel** zu einem Kampf heraus; er wurde während des Boxtrainings verhaftet; zweimal erhielt er Ringverbot. Auch die Liste seiner Gegner ist in der Boxgeschichte kaum zu übertreffen: im Laufe seiner Karriere in den späten 1930ern und 1940ern trat „Bummy" gegen die größten Boxer der Zeit an, darunter Lou Ambers, Henry Armstrong, Bob Montgomery und Rocky Graziano. Lob und Schmähung wurden ihm gleichermaßen zuteil – aber in seinem jüdischen Brownsville-Viertel blieb er der Held.

Al wurde als Kind in der Familie „Boomy" gerufen; sein Manager Johnny Attell änderte den Namen in „Bummy", kurz bevor Al im Mai 1937 zu seinem ersten Profikampf antrat. Als Davis von diesem Namenswechsel erfuhr, stürmte er in Attells Büro und beschwerte sich: „,... Ich will nicht, dass man mich „Bummy“ nennt.“ Die Antwort Attells: „,... Du willst mit der Boxerei Geld verdienen, oder? Die Leute wollen Kämpfe von Boxern sehen, die sie für harte Kerle halten.“ Also wurde Davis als „Bummy“ berühmt, obwohl er kein "Strolch" („Bum“) war, weder beruflich noch im Privatleben.

Während Davis‘ Siegesserie in den Jahren 1937 und 1938 verbreitete sich in Brownsville das Gerücht, dass der beliebte (und erfahrenere) Boxer Bernie „Schoolboy“ Friedkin sagte, er würde Davis K.O. schlagen. Eines Tages trafen sich die beiden in Brownsville, ihrem Heimatbezirk, auf der Straße. Nach einem Wortwechsel forderte Davis Friedkin zu einem sofortigen Kampf auf. Friedkin, der davon überrumpelt wurde, antwortete, er würde kämpfen, sobald sein Manager einen Termin angesetzt hätte. Davis drohte, zu Friedkins Haus zu kommen und dort mit ihm zu kämpfen, ließ sich aber beruhigen, und ein Kampf in einem Ring unter freiem Himmel im Dexter Park, Brooklyn wurde vereinbart. Die Erwartungen stiegen, je näher der Tag des Kampfes näherrückte. Dieser musste jedoch wegen Regens fünfmal verschoben werden und wurde schließlich am 21. Juli 1938 in den Madison Sqare Garden verlegt. „Bummy“ war für seine Haken berühmt; aber gemeinsam mit seinem Trainer Lew Burston, der mit Friedkins Stil vertraut war, erarbeitete er eine neue Strategie. In den ersten drei Runden blieb Davis bei seinen Haken, und Friedkin blockte alle ab. Für viele Zuschauer war klar, dass Friedkin gewinnen würde; sie wurden aber in der vierten Runde eines Besseren belehrt. Davis begann mit einer Serie von Haken, täuschte dann einen linken Haken vor, den Friedkin abfangen wollte, und zielte mit der Rechten auf den Kopf seines Gegners, was den Kampf mit einem K.O.-Sieg beendete. Der Held von Brownsville wurde in den Zeitungen als bester „Hooker“ seit Charley White bejubelt, der in den früheren 1920ern für seine Haken berühmt geworden war.

Obwohl er in Brownsville ein Held blieb, wurde Davis von vielen Boxanhängern geschmäht, nachdem er die Ringlegende Tony Canzoneri 1939 besiegt hatte. Schon immer hatte es im Zuschauerraum einen Teil gegeben, aus dem Buhrufe von Fans kamen, die „Bummy“ endlich einmal verlieren sehen wollten. Dies verstärkte sich mit dem Kampf gegen Canzoneri. Noch unbesiegt stieg Davis am 1. November gegen die Boxlegende in den Ring. Es war dessen letzter Profikampf. Davis besiegte ihn nach drei Runden durch K.O., was Canzoneri noch nie passiert war. Der beliebte Champion hatte seine besten Tage bereits hinter sich, und Davis tat nicht mehr, als in den Ring zu steigen und zu kämpfen. Trotzdem war sein K.O.-Sieg für die Canzoneri-Fans zu viel. Davis wurde nicht nur ausgebuht, sondern als Verbrecher tituliert.

Nach diesem Kampf stieg Davis bald wieder in den Ring und besiegte am 15. Dezember den späteren Jugendweltergewicht-Champion Tippy Larkin durch K.O. „Bummys“ Rekord hatte nun die schwindelerregende Höhe von 35-0-2 erreicht. Während des Trainings für einen Nichttitelkampf gegen den Leichtgewicht-Champion Lou Ambers geriet Davis vor einem Süßwarengeschäft in einem Streit mit einem Mann namens Mersky. Die Wogen gingen hoch, als jemand Davis als schlechten Boxer beschimpfte und ihm Bonbons ins Gesicht warf. Mersky musste ins Krankenhaus eingeliefert werden, und Davis wurde von der Polizei gesucht. Er stellte sich schließlich freiwillig, und die Verhandlung wurde bis nach dem Kampf gegen Ambers vertagt. Der Vorfall geriet in die Schlagzeilen, und das Publikum, die Niederlage von Canzeroni noch frisch im Gedächtnis, wollte nichts mehr, als Davis geschlagen zu sehen. Am 23. Februar 1940 – Mersky saß auch im Zuschauerraum – beschimpfte die Menge Davis auf seinem Weg zum Ring und genoss dann die Schlagserie, die dieser von Ambers einstecken musste. Davis ging über die ganze Distanz und verlor durch Richterentscheid nach zehn Runden. Ihn bekümmerte allerdings weniger seine Niederlage als die Behandlung, die die Fans ihm zuteil werden hatten lassen.

Nach dem Kampf gegen Amber hörte Davis auf zu boxen, weil er über die Beschimpfungen des Publikums nicht hinwegkam. Er erhielt Ringverbot, als er den nächsten angesagten Boxkampf verweigerte (wobei er den Veranstalter anschrie), kehrte aber zurück, als er erfuhr, dass sein Manager Johnny Attell aus dem Madison Square Garden herausgeworfen worden war – durch sein Comeback hoffte er, Attell wieder auf seinen Platz zu verhelfen. Die nächsten fünf Kämpfe gewann Davis, bis er gegen Fritzie Zivic antrat. Es sollte der berühmteste Kampf seiner Karriere werden. Am 15. November 1940 tragen Davis und Zivic in New York City zu einem Kampf aufeinander, der ein schreckliches Ende nehmen sollte. Davis vertrug unfaire Taktiken schlecht, Zivic war dafür berühmt. In der ersten Runde schlug Zivic Davis mehrmals auf die Augen, was diesen aufbrachte. Mit rotgeränderten Augen rief er: „Er will mich blenden. Er will mich blenden." Als Zivic auch in der zweiten Runde mit niederträchtigen Fouls weitermachte, sagte Davis zu ihm: „Na gut ... wenn du dreckig kämpfen willst, von mir aus." Zivic empfing von Davis eine Reihe von Schlägen unter die Gürtellinie – und „Bummy" hörte nicht auf. Nach mehr als 30 Schlägen wurde „Bummy" von der Polizei aus dem Ring geholt und abgeführt. Die Strafe betrug 2.500 Dollar, und er erhielt lebenslanges Ringverbot.

Im August 1943 erhielt Davis seine Lizenz in New York zurück und gewann vier von fünf Kämpfen (ein Kampf endete unentschieden). Am 18. Februar 1944 traf er auf den früheren (und zukünftigen) Weltchampion im Leichtgewicht Bob Montgomery und schlug den Zehn-zu-Eins-Favoriten völlig überraschend bereits in der ersten Runde nieder. Im folgenden Monat verlor

Davis gegen Beau Jack (der in seinem vorigen Kampf den Welttitel an Montgomery verloren hatte) nach zehn Runden durch Richterentscheid. Nach vier K.O.-Siegen gegen seine nächsten Gegner stand Davis im Juni 1944 dem großen Henry Armstrong gegenüber; der schlug ihn in der zweiten Runde K.O. Im Jahr 1945 gewann Davis ebenfalls seine ersten vier Kämpfe, bevor Rocky Graziano ihn am 25. Mai in der vierten Runde niederschlug. "Bummys" letzter Profikampf fand im September gegen Johnny Jones statt; der Sieg ging in der sechsten Runde nach Disqualifikation an "Bummy".

Nach dem Kampf gegen Armstrong im Juni 1944 hatte Davis beinahe eine Viertelmillion Dollar seit dem Beginn seiner Karriere verdient und begann nun, den Reichtum zu genießen. Er erstand Rennpferde und eine Grillbar, die er allerdings wieder abstoßen musste, nachdem sein Vermögen Mitte 1945 fast wieder durchgebracht war. Um Geld zu verdienen, sagte "Bummy" zu, gegen Morris Reif zu kämpfen, begann allerdings nicht zu trainieren, weil er von vornherein an seinen Erfolgsaussichten zweifelte. Stattdessen verbrachte er die meiste Zeit in seiner ehemaligen Bar, dem Dudy's. Dort saß er auch eines Nachts mit ein paar Freunden, als er durch eine Zwischenwand sah, dass vier Männer mit Gewehren an der Bar standen. Ohne nachzudenken, ging Davis nach vorne, und als einer der vier ihn "Bum" nannte, forderte er alle zum Kampf heraus. Er hatte bereits einen Gegner niedergeschlagen, als ein Schuss abgefeuert wurde und seinen Nacken traf. Ein Tuch gegen die Wunde pressend, verfolgte Davis die Eindringlinge, als diese aus der Bar flohen; ein weiterer Schuss fiel, und "Bummy" wurde tödlich verletzt. Die Räuber wurden bald darauf gefasst und verurteilt. Davis war bei den Fans und in den Zeitungen nun endgültig zum Helden aufgestiegen. Sein Begräbnis war eine riesige Veranstaltung, und ganz Brownsville nahm daran teil. Davis wurde auf einem jüdischen Friedhof begraben.

Kampfstatistik:
Siege: 64 (46 durch K.O.)
Niederlagen: 10
Unentschieden: 4

1945

Die folgende Statistik belegt die polizeibekannten Verbrechen, in Hauptgruppen geordnet, die 1945 in New York City begangen wurden:

- Mord, Totschlag: 304
- Raub: 1.419
- tätlicher Angriff: 2.596
- Einbruch: 4.351
- Diebstahl: 11.992
- Autodiebstahl: 12.416

Juli 1946

Nathan „Nate“ Weisenberg, früherer Zar der Münzautomaten in Cleveland, wird in Unterweltmanier von Maschinengewehrfeuer niedergemäht.

1946

Matty Moscowitz, ein Panzerknacker, wird umgebracht, während er bei einem Barbier rasiert wird.

9. Juni 1947

Jacob „Gurrah“ Shapiro, 53, die rechte Hand von **„Lepke“ Buchalter** stirbt eines natürlichen Todes im Gefängnis Sing-Sing.

20. Juni 1947

Benjamin „Bugsy“ Siegel wird in seinem Haus in Beverly Hills, Kalifornien erschossen.

Benjamin „Bugsy“ Siegel verließ das Flamingo Hotel in Las Vegas und flog am Morgen des 20. Juni 1947 nach Los Angeles. Er wollte eine Verabredung mit seinem Anwalt Joe Ross in Beverly Hills einhalten. Er ging mit Allen Smiley, einem

Geschäftspartner, zum Dinner. Nach dem Essen fuhren beide in eine von Siegel und seiner Freundin Virginia Hill neu erworbene Villa in 810 North Lincoln Drive, Beverly Hills. Siegel und Smiley waren allein in einem Raum im Erdgeschoss des Hauses, als um 22.50 Uhr jemand neun Kugeln durch ein Fenster in den Raum schoss. Siegel war sofort tot.

Jerry Olsen, der sich in einem der oberen Räume des Hauses von Virginia Hill aufgehalten hatte, sagte aus, dass sieben Patronenhülsen mit Kaliber 0,30 vor dem Fenster gefunden wurden. Die Patronenhülsen waren aus Kupfer und stammten ohne Zweifel aus einem halbautomatischen US-Armeekarabiner. Der Mord war die Arbeit eines professionellen und erfahrenen Mannes.

Siegel saß vier Fuß entfernt vom Fenster, was wiederum vierzehn Fuß entfernt war von der Stelle, wo der Karabiner, aufgesetzt auf einem Gitterzaun zur Nachbarauffahrt, abgefeuert wurde. Neun Schüsse wurden gezählt. Zwei Kugeln trafen Siegels Körper durch das linke Auge, ein Teil des Augenlides wurde zehn Fuß von ihm entfernt gefunden. Es gab fünf Löcher in der Wand, die so groß waren wie ein Silberdollar, weitere Kugeln trafen andere Objekte im Raum. Die Patronenhülsen waren innen mit einem I und außen mit den Initialen A.H.K. markiert. Die Nachbarn berichteten, dass sie gleich nach der Schießerei ein Auto vom Haus weg in nördliche Richtung, Sunset Blvd., davonfahren sahen.

20. Juni 1947

Die Leiche von **Benjamin „Bugsy“ Siegel** auf einem Sofa in seinem Haus in Beverly Hills, Kalifornien.

Photo: Corbis

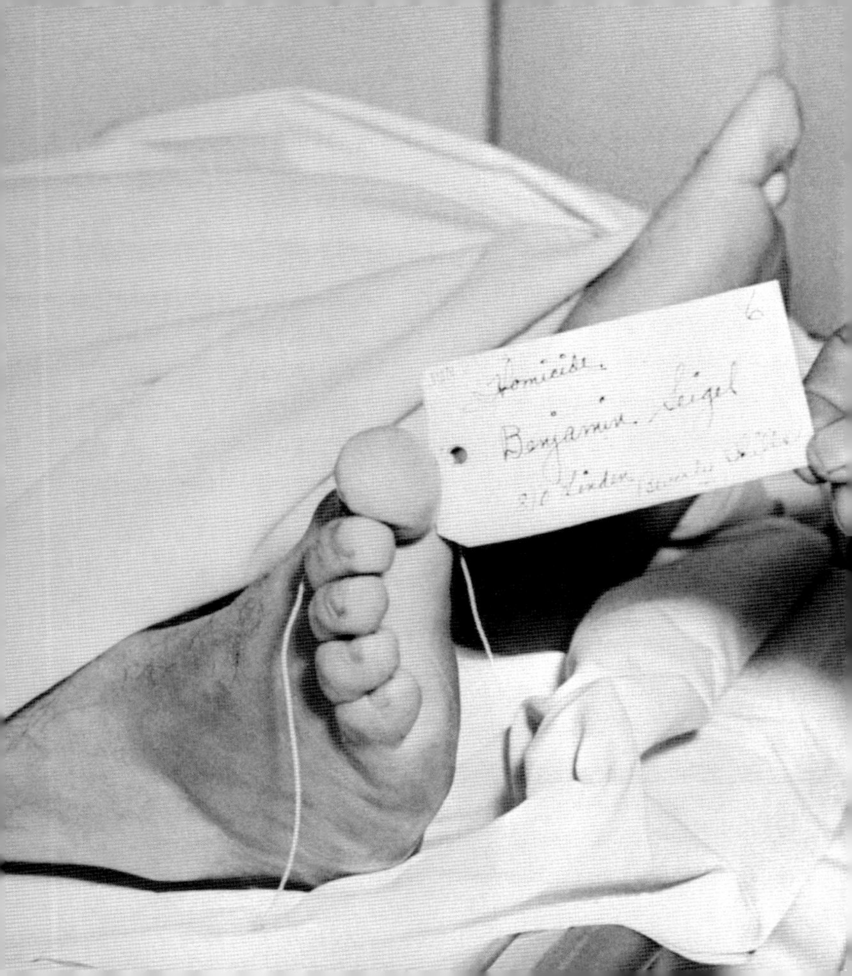
6
Homicide.
Benjamin Seigel

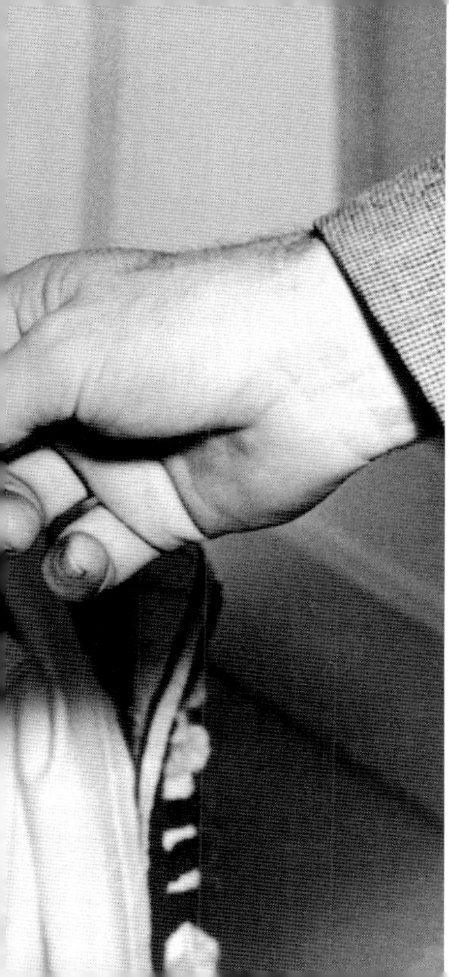

21. Juni 1947

Benjamin „Bugsy" Siegel
in der Leichenhalle.
Ein Kärtchen an der großen Zehe seines rechten Fußes fasst das Ende des Gangsters zusammen: „21. Juni 1947, Tötung. Benjamin Siegel, 810 North Linden Drive."

Photo: Corbis

26. Juni 1947

Für **Benjamin „Bugsy“ Siegel** gab es eine fünfminütige Begräbnisaktion, von der die Trauergäste in einer Seitengasse zu einem wartenden Auto davoneilten.

Der große Gangster lag erster Klasse in einem versilberten 5.000-Dollar-Sarg. Das Begräbnis glich eher einem Banküberfall als einem Trauerritual. Es gab keine Blumen, keine Lobrede, nur einen schnellen Psalm und ein Gebet, gesprochen vor 400 leeren Plätzen in der Groman Brother's Chapel, 830 West Washington Blvd. Bevor die Kapelle noch richtig geöffnet war, hatte **Dr. Max Kert** vom Olympic Jewish Centre den 23. Psalm rezitiert und ein hebräisches Gebet auf Englisch vorgetragen. Damit war Bugsy fertig für das Grab. Nur sechs Personen saßen in der Familiennische in der Nähe des 900-Pfund-Sarges, in welchem Siegel auf weißer Seide lag, bekleidet mit einem blauen Anzug, blauer Krawatte und einem weißen Hemd. Sie wollten sein von Kugeln zerfetztes Gesicht nicht mehr sehen. Der Sarg wurde hermetisch verschlossen.

Die Trauernden waren Siegels Frau **Esther Siegel**, ihre Töchter **Millicent**, 16, und **Barbara**, 14, sowie **Bessie Soloway**; sein Bruder Dr. **Maurice Siegel** und **Allen Smiley**, Geschäftspartner, der in Beverly Hills neben ihm saß, als er ermordet wurde.

Dr. Kert sprach in einem leeren, nur von sieben kleinen elektrischen Kerzen beleuchteten Raum. Gegen 6.55 Uhr morgens verschwanden Smiley und die vier Frauen durch einen Seitenraum. Sie liefen durch eine Tür, die eigens für sie offengelassen worden war, über eine Hintergasse zu einem einen halben Häuserblock entfernt wartenden Wagen und waren verschwunden. Sein Bruder Dr. Siegel ging ohne Hut, ruhig und von Fotografen unbehelligt aus dem Haupttor. Siegels Körper wurde ohne weitere Zeremonien auf dem Beth-Olam-Friedhof in Hollywood auf einer von Dr. Siegel erstandenen Grabstelle beerdigt. Es sind keine anderen Familienmitglieder dort begraben worden.

POLICE
DEPARTMENT
1933
CITY OF NEW YORK
SUNDAY
21
MAY
16700

31. Juli 1947

Beim Scottoriggio-Prozess vor dem Strafgericht ensteht dieses Polizeifoto von **Irving „Waxey Gordon“ Wexler**, **Harry „Pincus“ Kline** und **Joseph Aront** (v.l.n.r.).

Photo: Daily News

17. März 1948 (St. Patrick's Day)

Doris Coppola, geborene **Lehman**, die Frau des Mobsters Michael „Trigger Mike“ Coppola, bringt eine Tochter zur Welt und stirbt am nächsten Tag im Krankenhaus. Es wurde keine Autopsie durchgeführt. Coppola ließ seine Frau, trotz ihres jüdischen Glaubens, einäschern.

Jahre später enthüllte seine zweite Frau, Anna Augustine, sie habe Beweise dafür, dass Doris ermordet wurde. Doris' Vater **David Lehman** erhielt nach dem Vorfall über Jahre hinweg 200 Dollar pro Monat von Coppola.

16. Juli 1948, nachts

Charlie Yanowsky, ein Mobster aus Jersey City, wird tot aufgefunden. Vermutlich wurde er mit dem Lieblingswerkzeug der Murder Inc. – einem Eispickel – umgebracht.

Yanowskys Körper wurde bei einer Schule in einem Feld entdeckt, nicht weit von dem Restaurant in Hoboken, New Jersey, wo er sechs Stunden zuvor mit zwei Männern zu Abend gegessen hatte – **Herold „Happy" Meltzer** und Johnny DiBiasio. Yanowsky war Unterhändler für die Longhouse-Men's-Gewerkschaft; sein früheres Betätigungsfeld waren Hafenschiebereien und illegales Glücksspiel. 1936 wurde er nach wegen Bankraubs und Verschleppung im Alcatraz-Gefängnis inhaftiert. 1938 wieder freigelassen, wurde er mit dem Maschinengewehrmord an dem New Yorker Kriminellen James „Ding-Dong" Bell in Verbindung gebracht.

10. August 1948

Johnny DiBiasio, ein Absolvent der Universität Notre Dame in Elizabeth, New Jersey wird erschossen.

Er war Basketballschiedsrichter und Sporttrainer und nicht wirklich wählerisch in der Wahl seiner Freunde. DiBiasio, der mit **Charlie Yanowsky** und **„Happy" Meltzer** in einem Restaurant in Hoboken, New Jersey zusammengesessen hatte, und zwar nur 25 Tage vor der Ermordung von Yanowsky, wurde vor seinem

Haus in New Jersey umgebracht. Sonderbarerweise war „Happy" Meltzer der einzige Teilnehmer an dem Essen im Hoboken, der das Menü auf längere Zeit als die anderen überlebte.

Winter 1948

„Chippie" Weiner, ein bekannter Dandy und Frauenheld, wird von Santo „Sal" Bretagna ermordet - ein Auftragsmord für den Gangster **William „Farby" Rosenberg**.

3. März 1949

Santo „Sal" Bretagna, 27, und **William „Farby" Rosenberg**, 42, werden auf dem elektrischen Stuhl in New York hingerichtet. Die Anklage lautete auf Absprache zum Mord (Rosenberg) und Mord (Bretagna) an **„Chippie" Weiner** im Winter 1948.

12. Mai 1949

William Lurye, ein ermordeter Arbeiter aus dem Bekleidungsgeschäft, wird auf dem Carmel-Friedhof in Cypress Hill (New York) begraben.

16. September 1949

Der Gangster **Philip Cohen** wird erschossen. Der von Kugeln durchsiebte Körper des Mitglieds der Murder Inc. wird in Valley Stream, New York, gefunden.

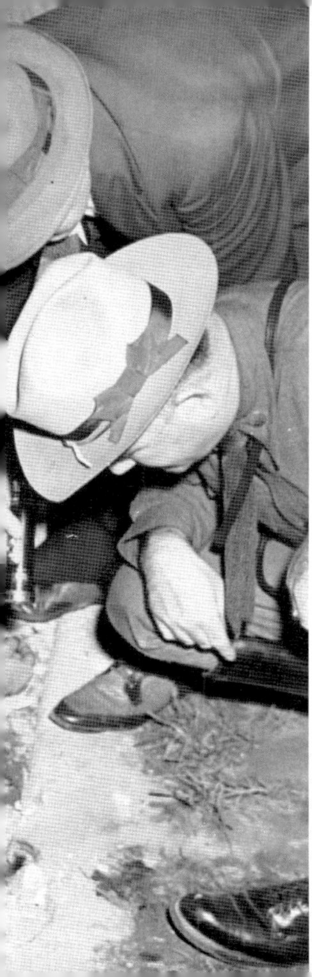

16. September 1949

Ein Gerichtsmediziner (ohne Hut) und Staatspolizisten untersuchen die Leiche des Murder-Inc.-Mitglieds **Philip Cohen**.

Photo: Daily News

1. November 1950

Harry S. Truman, Präsident der Vereinigten Staaten, entkommt unverletzt einem Mordanschlag in Washington, D.C. beim Versuch zweier puertoricanischer Nationalisten, sich den Weg in das Blair House freizuschießen.

Dezember 1950, morgens

Sam Rummel, ein berühmter Anwalt der Unterwelt, u.a. für **Mickey Cohen**, wird in Hollywood, Kalifornien erschossen.

Nach einem mysteriösen Treffen in seinem Büro in Los Angeles mit zwei Polizeibeamten kehrte Rummel zu seinem luxuriösen Heim in den Hollywood Hills zurück. Er parkte sein Auto und ging zur Tür; eine Schrotgewehrsalve, abgefeuert von einem kleinen Felsen 15 Yards von dem Haus entfernt, traf ihn ins Gesicht.

14. März 1951

Erstes Kefauvers Senat-Kriminaluntersuchungskomitee beginnt mit Anhörungen in New York City.

21. März 1951

Die Kefauver-Anhörungen werden abgeschlossen.

April 1951

Philip „Philly" Mangano, 51, wird im zehn Fuß hohen Dickicht eines Sumpfgebiets bei der Floyd-Bermett-Marine- und Küstenwachenluftbasis tot aufgefunden.

Anscheinend war eine Waffe direkt an seinen Kopf gehalten worden. Der Schütze gab drei Schüsse ab. Manganos Krawatte saß noch an ihrem Platz; sein auffälliger Diamantring steckte an seinem Finger. Aber er hatte keine Hose mehr an. Mangano war einer von **„Joey" Ambergs** Mördern im September 1935.

7. August 1951

Anthony „Tony" Trombino und Anthony „Tony" Brancato werden tot in einem nahe dem Sunset Strip, LA, abgestellten Auto aufgefunden.

Beiden wurde ins Genick und in den Hinterkopf geschossen. In der Windschutzscheibe ihres Autos sind Einschusslöcher zu sehen. Die beiden „Tonys" wurden angeblich im Auftrag von **„Mickey" Cohen** - dem Mobsterboss von Los Angeles - ermordet, nachdem sie versucht hatten, einen Teil der Casino-Gewinne von **Gus Greenbaum** in Las Vegas „abzuzweigen".

Photo: Corbis

6. März 1952

Bernard Stein, 35, wird als überführter Mörder in New York County exekutiert.

8. März 1952

Auf **Arnold Schuster**, 24, Bekleidungsverkäufer in Brooklyn, wird viermal geschossen, zweimal in die Leistengegend und je einmal in die Augen – die Zeichen eines Mafiamordes. Schuster hatte kurz davor der Polizei einen Tipp bezüglich des Aufenthaltsortes des Gangsters Willie Sutton gegeben. Er wurde erschossen, als er unweit seines Hauses mit einem Freund spazieren ging. Sein Tod wurde von Alberto „The Lord High Executioner“ Anastasia angeordnet und von Frederick J. Tenuto herbeigeführt. Der Schütze wurde nie gefasst.

Der stellvertretende Bezirksstaatsanwalt **Aaron B.Z. Silver** bei der Leiche des Bekleidungsverkäufers **Arnold Schuster**.

Photo: Corbis

10. März 1952

Max Schuster küsst den Sarg seines ermordeten Sohnes **Arnold Schuster**. Während der Begräbnisfeier musste die Polizei eingreifen, um die Menge im Zaum zu halten, die nach Vergeltung für die Ermordung des jungen Mannes rief.

Photo: Corbis

24. Juni 1952

Irving „Waxey Gordon“ Wexler, 64, stirbt eines natürlichen Todes im Gefängnis.

1952

„Moe“ Sedway (Morris/Moses Sidwirtz), 58, **„Bugsy” Siegels** Partner, tot, Los Angeles, Kalifornien

12. Februar 1954

Eine Reihe von hochrangig besetzten Treffen im Riviera Hotel in Cliffside Park, New Jersey. Diese Zusammenkünfte fanden wahrscheinlich statt, um die Situation der Hafengeschäfte zu erörtern. Anwesend waren u.a. Albert Anastasia, **Meyer Lansky**, Connie Noonan, ehemaliger Chef der Westside-Hafengeschäfte, und **„Longie" Zwillman**.

12. November 1954

Ellis Island, die Immigrationsstelle der USA im New Yorker Hafen, wird geschlossen.

27. Jänner 1955

Der Millionär und Playboy **Serge Rubinstein**, 46, wird in seinem New Yorker Herrenhaus erwürgt aufgefunden.

Die Tat wurde nie aufgeklärt. Rubinstein wurde in seinem Heim in der Fifth Avenue in einem Schlafzimmer gefunden, mit verbundenen Händen und Füßen und zugeklebtem Mund. Nach Polizeiangaben war der in Russland geborene Millionär erdrosselt worden. Der 46jährige internationale Finanzier hatte während des 2. Weltkriegs die Hauptrolle in einem Einberufungsfluchtfall gespielt und kämpfte gegen seine Abschiebung.

Der Körper des ermordeten Finanziers wurde in einem offenen Sarg im Frank Campbell Funeral House aufgebahrt. Draußen warteten Neugierige, die hofften, einen kurzen Blick auf eine der Freundinnen des Millionärs werfen zu können. Die Trauerzeremonie für Rubinstein wurden am Montag mittag im Tempel Emanuel abgehalten, das Begräbnis fand auf dem Woodlawn-Friedhof statt.

9. Juli 1955

Nathan Wissner, 43, und **Harry A. Stein**, 57, werden, wegen Mordes verurteilt, in Westchester County hingerichtet.

4. November 1955

Willie „William Nelson“ Morris Bioff, 55, ein Zinswucherer in der Filmbranche, der die letzten sechs Jahre zurückgezogen in einer damals noch ländlichen Nachbarschaft, der East Bethany Home Road, gelebt hatte, wird von einer Autobombe getötet.

Beim Starten seines Pick-Up hinter seinem Haus zündete er eine Bombe, die noch drei Häuserblocks weiter Fenster zerspringen ließ. Bioff ein früherer Spießgeselle Al Capones, hatte Jahre zuvor sein eigenes Todesurteil unterschrieben, als er Mobkollegen verriet um seine eigene Haut zu retten. Doch von dieser blieb nach der Explosion nicht viel übrig. An der Stelle 1250 East Bethany Home Road, Arizona erheben sich heute Wohnblocks.

Überreste des Körpers von **Willie Morris Bioff** liegen unter einer Decke vor seinem Haus. Im Hintergrund der explodierte Wagen.

Photo: Corbis

1955

Jack „Greasy Thumb“ Guzik, der Geldverwalter des Chicagoer Mobs, und Anthony „Tony“ Accardo flogen persönlich nach Phoenix, Arizona, um **Augustus „Gus“ Greenbaum** einen Besuch abzustatten. Sie trafen das Finanzgenie, Präsident des Flamingo-Hotels, und versuchen ihn zu überreden, das Management des Riviera-Hotelcasinos in Las Vegas zu übernehmen. Greenbaum lehnte jedoch ab, und eine Woche später wurde Greenbaums Schwägerin mit aufgeschlitzter Kehle in ihrem Badezimmer aufgefunden. Die Nachricht wurde verstanden – Greenbaum übersiedelte zurück nach Las Vegas und führte das Riviera-Casino mit einer 27-prozentigen Beteiligung.

9. Jänner 1956

Michael Mehr, Glücks- und Kartenspieler, wird beim Eingang seines Hauses in Ridgewood, New York, erschossen.

21. Februar 1956

Jack „Greasy Thumb“ Guzik, 69, Al Capones Buchhalter und Geldmanager, Besitzer von mehreren Bordellen, stirbt in seinem Heim in Chicago eines natürlichen Todes.

5. April 1956

Victor Riesel, Zeitungsreporter, wird in den frühen Morgenstunden attackiert, als er Lindy's Restaurant in Midtown Manhattan verlässt. Der junge **Abraham Telvi**, 21, spritzte ihm Säure ins Gesicht. Der Angriff wurde von Johnny Dio angeordnet, dem Capo der Familie Luchese.
Durch die Säure erblindete Riesel, aber er schrieb seine Kolumne weiter, bis er sich 1990 zur Ruhe setzte.

28. Juli 1956

Abraham „Abe“ Telvi, 21, Schläger, wird in der Lower Eastside, New York erschossen.

Telvi war ein Schmalspurgangster in New York City, als er vom Capo der Luchese-Familie, Johnny Dio, angeheuert wurde, um dem Journalisten **Victor Riesel** das Gesicht mit Säure zu verätzen. Riesel untersuchte zu der Zeit organisiertes Verbrechen in der Bekleidungsindustrie, in der Dio eine führende Kraft war. Der Säureanschlag ließ Riesel erblinden. Telvi wurde schnell von der Szene entfernt. Man fand ihn erschossen in der Mulberry Street in Manhattan.

13. Dezember 1956

Meyer Mester, 56, wird in Brooklyn erschossen am Vordersitz seines Cadillacs aufgefunden.

Photo: Daily News

31. März 1957

Leon Marcus, ein Bankbeamter, wird in typischer Gang-Manier durch einen Kopfschuss getötet. Marcus war in krumme Geschäfte verwickelt, die über das Bankwesen hinausgingen, und wurde Anfang 1957 zusammen mit seinem Schwiegersohn und seinem Bruder wegen Veruntreuung von Bankgeldern seiner Southmoor Bank in Chicago angeklagt. Seine Ermordung noch vor Beginn des Gerichtsverfahrens steht möglicherweise mit einem Erpressungsversuch der Mafia in Verbindung.

28. April 1957

Joseph Stern wird in einer New Yorker U-Bahnstation von Jamie Sanabia niedergestochen. Stern überlebt den Angriff.

25. Oktober 1957

Der Murder Inc. Scharfrichter Albert „The Lord High Executioner“ Anastasia wird in einem Friseurgeschäft ermordet.

Umberto (Alberto) Anastasia, 75 Bluff Road, Palisades, New Jersey, wurde gerade im vierten Stuhl eines Friseurgeschäfts im Park Sheraton Hotel, 870 7th Avenue, rasiert. Besitzer des Ladens war Arthur Grasso, 901 8th Avenue. Um 10.20 Uhr traten zwei unbekannte Weiße mit schwarzen Gesichtsmasken von hinten an Umberto Anastasia heran und feuerten vier oder fünf Schüsse in seinen Rücken. Sein Tod wurde bei der Einlieferung in das St. Clares-Krankenhaus von Dr. Cestau festgestellt. Identifiziert wurde die Leiche von seinem Bruder Tony Anastasia, 8380 11th Avenue, Brooklyn. In der Nähe des Tatorts stellte man einen Polizeirevolver Kaliber 38 und eine Smith & Wesson Kaliber 38 sicher.

Ein Aktenvermerk der New Yorker Polizei hält zum Autopsiebericht fest: „Am 25.10.1957 wurde die Todesursache vom leitenden Polizeiarzt **Dr. Halpern** ermittelt: eine

Schusswunde im Hinterkopf, die Kugel Kaliber 38 steckte in der linken Gehirnhälfte. Weitere Wunden: zwei Kaliber 38 Schusswunden in der linken Hand, ein Durchschuss Kaliber 32 durch die rechte Hüfte. Streifwunde von einer abgeprallten Kugel im Nacken, die nicht eingedrungen war. Eine Schusswunde Kaliber 38 im rechten oberen Rücken nahe der Wirbelsäule. Der Schusskanal verlief nach unten durch Niere, Lunge und Wirbelsäule; die Kugel steckte in der linken Bauchseite. Die einzigen Pulverspuren, die der Amtsarzt fand, waren auf der Barbierschürze in der Höhe der linken Hand. Die Kugeln wurden sichergestellt und der ballistischen Abteilung übergeben.

Identifizierung durch Umberto Anastasia Jr., Bluff Road, Palisades, New Jersey, und Neffen Robert Anastasia, 1146 73rd Street, Brooklyn; Dr. Halpern, **Weinberg** und Ptl. Costello 18th Pct. anwesend um 16.30 Uhr am 25.10.1957.

Bestattungsunternehmen: A. Torregrossa, 1305 79th Street, Brooklyn; Leiche freigegeben um 19.10 Uhr am 25.10.1957.

Sichergestellte Kugeln: eine in der Unterhose des Verstorbenen, eine im Gehirn, eine in der linken Bauchseite."

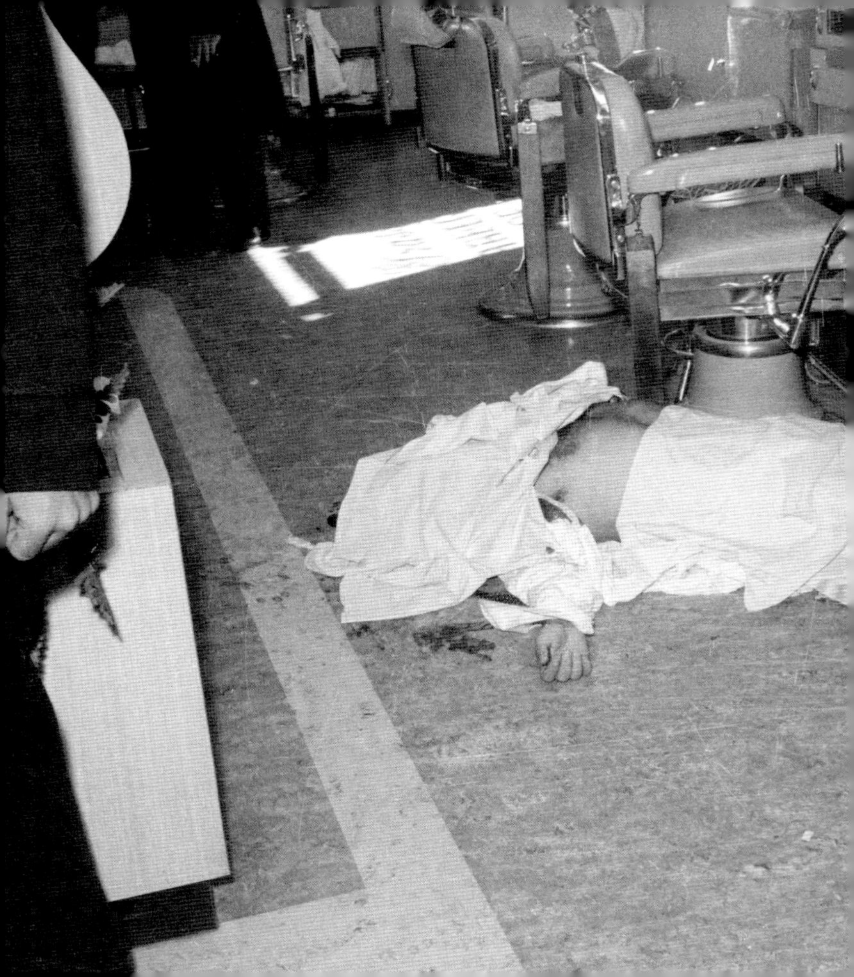

Die zugedeckte Leiche von Albert „The Mad Hatter“ Anastasia, dem ehemaligen „obersten Scharfrichter“ der berüchtigten Murder Inc. aus Brooklyn.

Photo: Corbis

14. November 1957

Die Polizei unternimmt bei einer Mafiatagung in Appalachin, New York eine Razzia. 58 Mafiabosse waren zu einer Konferenz auf Joe Barbaras Anwesen versammelt. Sie wurden verurteilt, die Urteile jedoch später wieder aufgehoben.

1957

David „Davie“ Berman, 54, **„Bugsy“ Siegels** Seniorpartner, stirbt an einem Herzanfall.

2. Dezember 1958

In der Nacht besuchte ein Gangster das Haus des kriminellen Drahtziehers von Las Vegas, **Augustus „Gus“ Greenbaum**, 64, einst Partner von **Benjamin „Bugsy“ Siegel**. Greenbaum war Präsident des Riviera-Hotels. Als sich Greenbaums Haushälterin am nächsten Morgen zur Arbeit meldete, fand sie ihn und seine Frau Bess tot auf.

Greenbaum lag tot im Bett. Seine Kehle war so weit durchgeschnitten, dass sein Kopf fast herunterfiel. Greenbaums Frau war zuerst mit einer Flasche bewusstlos geschlagen worden, bevor man auch ihr die Kehle aufschnitt. Zeitungen waren um sie herum aufgelegt, damit das Blut nicht auf den Teppich fließen konnte.

Es wurde vermutet, dass der schwere Trinker Greenbaum für den Geschmack des Mobs zu nachlässig geworden war. 45 Jahre später ist der Doppelmord noch nicht aufgeklärt.

Das Haus liegt in 1115 West Monte Vista, Arizona.

3. Dezember 1958

Die Leiche von **Bess Greenbaum**, Frau des Glücksspielmoguls und Hotelbesitzers **Gus Greenbaum** aus Las Vegas, liegt gefesselt auf einer Couch in ihrem Haus.
Die Leiche ihres Mannes wird in einem der Schlafzimmer des Hauses gefunden. Beiden wurde die Kehle durchschnitten.
Die Mordwaffe, ein Fleischermesser, liegt zu Füßen von Frau Greenbaum, mit der Klinge an einen Polster gelehnt.
Die Polizei von Phoenix bezeichnet die Tragödie als Doppelmord, gibt aber keinen Kommentar dazu ab, ob es sich um ein Verbrechen im Gang-Milieu handeln könnte.

Photo: Corbis

1958

Gladys Berman, geborene **Evans**, 38, die Witwe von **„Davie“ Berman**, verübt Selbstmord.

26. Februar 1959

Abner „Longy“ Zwillman, 54, Syndikatboss von New Jersey, wird an einem Deckenbalken im Keller seines Hauses in West Orange, 50 Beverly Road, Newark, N.J. hängend gefunden. Einige nannten es Selbstmord, andere glaubten an eine Tötung durch den Mob.

4. November 1960

Dr. Max Pascher wird in Union City, New Jersey, erschossen.

1960

Sam Fleisher, 60, früheres Mitglied der Purple Gang, stirbt an einer Herzattacke in seinem Haus in Florida.

16. August 1962

Philip „Dandy Phil" Kastel, 58, verübt Selbstmord.

„Dandy Phil" Kastel war nach dem 2. Weltkrieg ein großer Mobster in New Orleans. Ursprünglich hatte er wohl mit Frank Costello im New York der 30er und 40er Jahre gearbeitet; sie wollten nach der Prohibitionszeit ihren Scotch-Whisky-Import auf eine halbwegs legale Basis stellen.

Dann ging Kastel in den Süden, um in Louisiana den Boden für das von Costello finanzierte Glücksspielgeschäft aufzubereiten.

Er überwachte die Aufstellung und den Betrieb von Costellos Spielautomaten in und um New Orleans, bis im Jahr 1946 die örtlichen Behörden dem Beispiel von New Yorks Bürgermeister Fiorello LaGuardia folgten und alle Automaten innerhalb der Stadtgrenzen zerschlagen ließen.

Danach beließ Kastel die Automaten außerhalb der Stadt. Er und Costello schufen und leiteten das Beverly Club Casino in Jefferson Parish knapp außerhalb von New Orleans. In den 50er Jahren eröffneten sie das Tropicana in Las Vegas (weitere Partner bei diesem Unternehmen waren angeblich New Orleans' Unterweltboss Carlos Marcello und der Entertainer Jimmy Durante).

August 1962

Anna Augustine Coppola, 41, die zweite Frau des Mobsters Michael „Trigger Mike" Coppola, verübt in ihrem Hotelzimmer in Rom mit einer Mischung aus Barbituraten und Whiskey Selbstmord. Annas letzter Wunsch, man möge ihre „Asche über dem Haus von Mike Coppola verstreuen", wurde nicht erfüllt.

22. November 1963

John F. Kennedy, Präsident der Vereinigten Staaten, wird in Dallas, Texas angeschossen und stirbt am selben Tag. Tatverdächtiger ist Lee Harvey Oswald. Verletzt wird auch der texanische Gouverneur John B. Connally. Oswald wird zwei Tage später von **Jack Ruby** erschossen.

24. November 1963

Lee Harvey Oswald, der Mörder J.F. Kennedys, wird von **Jack Ruby** vor laufenden Fernsehkameras und einem Millionenpublikum erschossen.

Die Erschießung von J.F. Kennedy-Mörder Lee Harvey Oswald durch Jack Ruby ist eines der genauesten visuellen Dokumente eines Attentats. Die Art und Weise, wie Ruby vorgeht, deutet auf einen Profi hin. Seine linke Hand zieht die Jacke von seiner Waffe fort, und sofort beginnen die Schüsse. Auch Rubys Griff an der Waffe unterstützt die Profitheorie. Er benutzt seinen Mittelfinger

November 1963

Jack Ruby, der Lee Harvey Oswald – den angeblichen Mörder von John F. Kennedy – erschoss, posiert mit drei Frauen aus seinem Nachtklub in Dallas, Texas.

Photo: Corbis

für den Abzug und richtet den Zeigefinger auf sein Ziel – er schießt in die Richtung, in die er zeigt. Diese Methode war in den Vereinigten Staaten nicht sehr bekannt, wurde aber von britischen Agenten während des 2. Weltkriegs angewendet. Eine ihrer weiteren Methoden war ein Ausfallschritt mit dem rechten Fuß bei gleichzeitigem zweimaligen Betätigen der Waffe in schneller Abfolge auf jedes sich darbietende Ziel.

13. März 1964

Catherine „Kitty“ Genovese wird an ihrer Türschwelle in Queens, New York ermordet.

Nicht weniger als 38 Zeugen befanden sich am Tatort. „Kitty“ wurde vor den Augen von Bekannten, Freunden und Nachbarn niedergeschlagen und erstochen. Niemand tat etwas, um der Frau zu helfen. Auf die Frau wurde fast eine Stunde lang eingestochen.

3. April 1964

Louis Fleisher, 56, ein früheres Mitglied der Purple Gang, wird nach einer Herzattacke tot in seiner Gefängniszelle im Michigan-Staatsgefängnis aufgefunden.

2. August 1964

Robert Hirsch wird vor seinem Apartmenthaus in 3750 Hudson Manor Terrace erschossen.

21. Februar 1965

Malcolm X, auch bekannt als El-Hajj Malik El-Shabazz (schwarzer Aktivist): Wird in einem New Yorker Hörsaal erschossen; seine Mörder wurden niemals identifiziert.

11. August 1965

Samuel „Sam“ Drapkin, 54, Mitglied der Detroiter Purple Gang, stirbt in Detroit, Michigan.

Der 1909 in Detroit geborene Drapkin war in der gesamten Unterwelt der Stadt als „Mann mit Schutzengeln“ bekannt. Er überlebte insgesamt neun Schusswunden, die er zum einen im Juli 1927 bei einem Maschinengewehrangriff in der Oakland Avenue und zum anderen im Februar 1932 erlitt, als er als einer von nur ganz wenigen Gangstern eine „Fahrt ohne Wiederkehr“ überlebte. Auf die Frage, wer ihn angeschossen habe, sagte er im Krankenhaus: „Es war der Weihnachtsmann!“

Begraben am Machpelah-Friedhof, Ferndale, Oakland County, Michigan

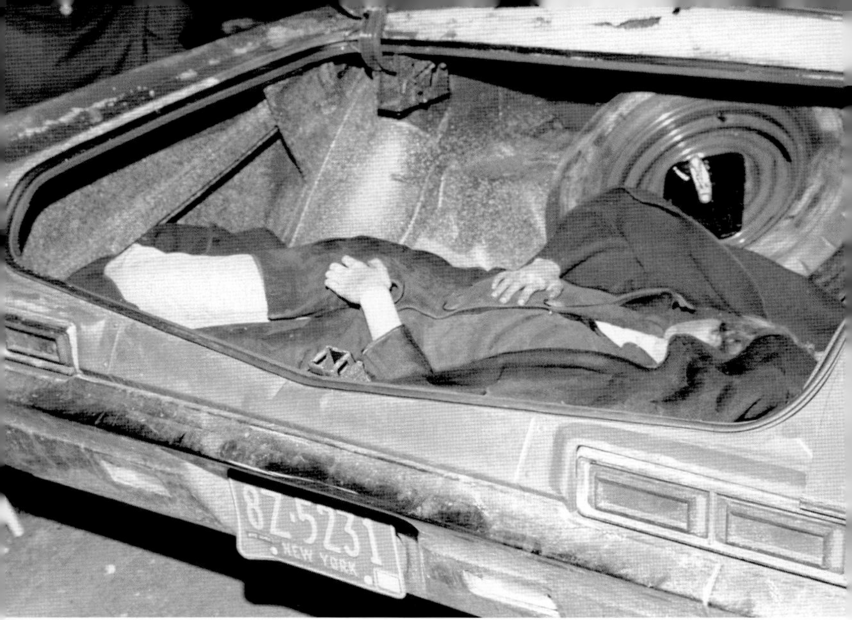

7. Februar 1966

Die Leiche von Celeste Crenshaw, die an einer Drogenüberdosis gestorben war, wird im Kofferraum eines Mietautos vor der Polizeistation in der E. Fifth Street gefunden. Die Polizei fand sie nach der Verhaftung von **Robert Friede**, dem Erben des **Annenberg**-Zeitungsimperiums, wegen Verdachts des Drogenbesitzes.

Photo: Daily News

24. März 1966

Virginia Hill, 50, wird nach einer Überdosis Schlaftabletten tot in der Nähe von Salzburg, Österreich aufgefunden.
Spitzname: „Flamingo“, „Candy“

9. Juli 1966

Raymond „Ray“ Bernstein, 61, ein früheres Mitglied und Bandenführer der Purple Gang, stirbt infolge eines Schlaganfalls, der ihn zwei Jahre zuvor im Michigan-Staatsgefängnis ereilt hatte, im medizinischen Zentrum der Universität von Michigan.

1967

Der Buchmacher **Arthur „Boodie“ Cowan**, ein Partner des Kredithais **Herbert „Fat Herbie“ Blitzstein**, wird mit einer Kugel im Kopf im Kofferraum seines Autos gefunden.

Man vermutet, dass der Mord von Anthony „Tony the Ant“ Spilotro angeordnet wurde, weil Cowan ihm „Straßenzoll“

vorenthalten haben sollte. Als ein weiterer Buchmacher, **Henry Kushner**, vom FBI ins Gefängnis gebracht wurde, übernahm „Fat Herbie" Blitzstein sowohl dessen Klienten als auch jene von Cowan.

3. Jänner 1967

Jack Ruby (Jacob Leon Rubinstein) 55, stirbt im Dallas-Gefängniskrankenhaus.

März 1968

Abraham „Abe" Bernstein, 75, früheres Mitglied und Anführer der berüchtigten Purple Gang, wird tot im Book Cadillac Hotel, Detroit gefunden. Todesursache: Herzattacke.

„Abe" Bernstein hatte ab 1939 eine luxuriöse Suite im Book Cadillac Hotel gemietet, wo er bis zu seinem Tod im März 1968 lebte. Er und seine Brüder Joe und Izzie machten gute Gewinne mit einem Insider-Service auf Pferderennbahnen in Detroit.

Der vierte Bruder, **Ray**, hatte noch seine Zeit im Marquette-Staatsgefängnis wegen Beteiligung am Collingwood-Massaker abzusitzen. Er kam im Januar 1964 frei – in einem Rollstuhl – und starb zwei Jahre später am 9.7.1966.

Es wurde oft darüber spekuliert, wer die Purple Gang anführte. Auf Abe Bernstein wurde am häufigsten getippt. Wie viele von ihnen war Abe schmal, fast eine zierliche Erscheinung, mit feminin wirkenden Händen und feinen Gesichtszügen.

Beginnend als Schmalspurganoven und Diebe, wuchs die Gang mit der Einführung der Prohibition zu einer echten Kraft in der Unterwelt. Dieser (groteske) politische Akt machte die Straßen zu Gold für die Mobster der 20er Jahre. Mit dem Akt wurden 1.500 Saloons in Detroit geschlossen.

Aber bis 1925 gab es über 15.000 sogenannte „Speakeasys“ (Lokale ohne Konzession), auch „Blind Pigs“ genannt. Und die meisten von ihnen standen unter der Kontrolle der Purples. In Detroit war während der Prohibition illegaler Alkohol der zweitgrößte Geschäftszweig nach dem Automobilbau, mit einem Gesamtumsatz von jährlich 200.000.000 Dollar.

Die Polizei berichtete über die Purples: „... eine Gruppe von ausgesuchten Schlägern und Ganoven, die den Großteil ihrer Einnahmen aus Alkoholschmuggel, Überfällen, Gaunereien, Spielhöllen, Buchmacherei und Prostitution beziehen."

4. April 1968

Martin Luther King Jr. (führender Bürgerrechtler) wird von James Earl Ray in Memphis angeschossen. King stirbt am selben Tag.

5. Juni 1968, 12.15 Uhr

Senator Robert F. Kennedy kam vom Tanzsaal des Hotels Ambassador in Los Angeles, um nach seiner Wahl in Kalifornien eine Pressekonferenz abzuhalten. Die vorgegebene Route führte durch einen Küchentrakt. Hier schoss der Palästinenser Sirhan Sirhan aus einem Revolver Kaliber 22 auf den Senator.

Obwohl Sirhan rasch überwältigt werden konnte, wurden sechs Personen verletzt, Kennedy tödlich. Sirhan wurde am Tatort verhaftet und wegen Mordes zum Tode verurteilt. Es kam nicht zur Hinrichtung, weil der oberste Gerichtshof die Todesstrafe abschaffte. Sirhan war seitdem im Corcoran-Staatsgefängnis in Kalifornien. Nach kalifornischer Rechtssprechung wäre er automatisch im Jahr 1984 freigekommen, man behielt ihn aber im Gefängnis.

5. Jänner 1970

Joseph A. „Jock" Yablonski, Kandidat für den Vorsitz der Bergarbeitergewerkschaft United Mine Workers, wird ermordet.

Yablonski war der Herausforderer von W.A. „Tony" Boyle um den Gewerkschaftsvorsitz. Yablonski verlor, focht aber die Wahl an. Er, seine Frau und ihre Töchter wurden in der Silvesternacht ermordet, als sie in ihrem Bauernhaus in Clarksville (Pennsylvania) schliefen. Boyle bestritt jegliche Verbindung zu den fünf Gangstern, die der Morde beschuldigt wurden.

Im März 1971 sagte Boyle eine Reise nach Charleston ab, weil er wegen Veruntreuung von Gewerkschaftsgeldern angeklagt worden war. Und wegen illegaler politischer Spenden. Kurz nach seiner Verurteilung wegen dieser Delikte wurde er angeklagt, den Yablonski-Mördern 20.000 Dollar bezahlt zu haben, und verübte einen Selbstmordversuch. Er wurde zu dreimal lebenslanger Haft verurteilt und starb 1985 im Alter von 83 Jahren.

11. April 1972

Im Kofferraum eines Autos in Sheepshead Bay, New York, wird die Leiche von **Richard Grossman** entdeckt.

Photo: Daily News

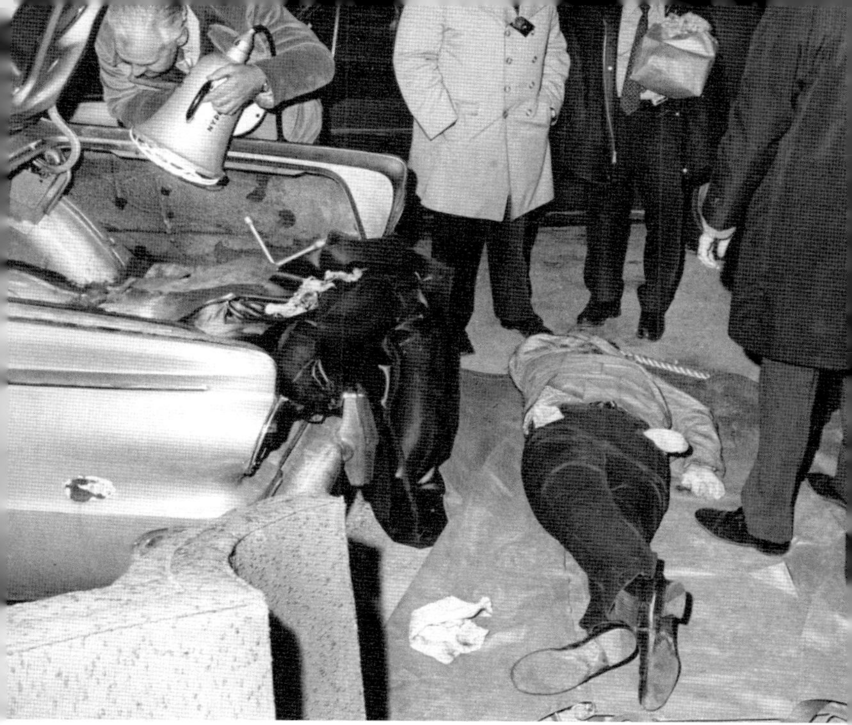

15. Mai 1972

George C. Wallace, Gouverneur von Alabama, wird bei einem Schussattentat in Laurel, Maryland von Arthur Herman Bremer lebensgefährlich verletzt und ist von da an querschnittgelähmt.

13. Februar 1973

Robert Schwartz, stellvertretender Nachtdirektor im Hotel Biltmore in der 43rd Street und Madison Avenue, wird in der Hotellobby erschossen.

19. Februar 1975, morgens

Ed Lazar, ein Buchhalter, der gegen Landbetrüger ausgesagt hatte, wird im Treppenaufgang einer Parkgarage in der Central Avenue erschossen.

Die ungeklärte Exekution geschah am Tag bevor Lazar vor dem Maricopa-Geschworenengericht über seine Geschäfte mit

Ned Warren, dem Paten des organisierten Landbetrugs von Arizona, aussagen sollte. Der Platz, an dem er erschossen wurde, war die hintere Parkgarage (zweites Untergeschoss) an der 3003 North Central Avenue in Phoenix, Arizona.

19. Juni 1975

Sam Giancana, mit Sicherheit nicht das hochrangigste Mitglied der Mafia, wird von seinem eigenen Mob umgebracht.

Giancana, der Chicago für Jahre betreute, bis ihn die Beziehung zu einem berühmten Vegas-Showgirl zum Verhängnis wurde, war einer der höchstrangigen Chicagoer Mobster, der jemals ermordet wurde. Es traf ihn im Keller seines Hauses in Oak Park.

Der Mord wurde sicher von jemandem begangen, den er gut gekannt hatte. Giancana war von der US-Regierung in eine südamerikanische Republik verbannt worden und gerade erst in die Staaten zurückgekommen. Er hatte seinen Mörder in sein Haus eingeladen und wurde umgebracht, als er Würstchen für sich und seinen Gast briet und das Abendessen zubereitete.

5. September 1975

Gerald R. Ford, Präsident der Vereinigten Staaten: Entkommt einem Mordanschlag in Sacramento, Kalifornien. Lynette Alice („Squeaky“) Fromme zielte mit einer Pistole Kaliber 45 auf ihn, drückte jedoch nicht ab.

6. Oktober 1975

Louis Bombachino, der Mitglieder des Mobs von Chicago verraten hatte, wird in Tempe, Arizona durch eine Autobombe getötet.

1975

Sandor „Birns“ Birnstein, ein prominenter Mobster aus Cleveland, der jahrzehntelang in der Unterwelt tätig war, wird von einer Autobombe in Stücke gerissen.

In seinen frühen Jahren war er Mitglied in der **Maxie Diamond** Gang. Unter Birns‘ Verbrecherkumpanen war **Marvin Gold**, der beschuldigt wurde, Banken und das Kleingewerbe zu betrügen, indem er gestohlene kanadische Pfandbriefe als Sicherung für Kredite anbot. Er floh nach Israel, kam aber zurück. Birns, hatte in Cleveland den Ruf eines „charmanten Killers“. Er wurde als Golds Mörder verdächtigt.

2. Juni 1976, 11.34 Uhr

Don Bolles, Zeitungsreporter und Chronist des organisierten Verbrechens in Arizona, wird von einer ferngezündeten Dynamitbombe in seinem weißen Datsun zerrissen, als er den Parkplatz des Clarendon-Hotels, 401 W. Clarendon Avenue (jetzt Les Jardins Hotel), 3738 North Fourth Avenue, Arizona verlassen will. Er stirbt elf Tage später.

Sein Tod war Teil einer Serie von Auftragsmorden. In den Jahren vor seinem Tod hatten die Gewaltverbrechen zugenommen. John Harvey Adamson, ein Straßenräuber, sagte aus, die Bombe auf Geheiß von Max Dunlap in Bolles' Wagen gelegt zu haben. Dunlap, ein Unternehmer aus Phoenix, sollte laut Adamson Bolles' Tod gewünscht haben, weil dieser Zeitungsberichte über Kemper Marley geschrieben hatte, einen reichen Rancher, Spirituosengroßhändler und Dunlaps Mentor.

Laut Adamson hätten auch zwei weitere Personen Opfer werden sollen, die Marleys Kreise störten: der damalige Generalstaatsanwalt von Arizona, Bruce Babbitt, der gegen das Spirituosengewerbe vorgegangen war, und **Al Lizanetz**, ehemals in der Werbebranche für Marley tätig, der angeblich Vorwürfe gegen seinen früheren Chef geäußert hatte. Den beiden geschah nichts; Babbitt wurde Gouverneur von Arizona, unterlag als Präsidentschaftskandidat und war US-Innenminister unter Präsident Bill Clinton.

1976

Meyer Harris „Mickey“ Cohen, 63, stirbt in Kalifornien.

März 1977

Joseph „Doc Rosen“ Stacher (Ostacher), 75, stirbt in Israel an Krebs.

12. Oktober 1977

Richard Schwartz, der Stiefsohn von **Meyer Lansky**, wird in New York ermordet. Kurz nach neun Uhr vormittags fuhr Richard Schwartz zum Hintereingang seines Restaurants. Er zog den Zündschlüssel ab, doch zum Aussteigen kam er nicht mehr. Ein einziger, aus kurzer Entfernung aus einer Schrotflinte abgefeuerter Schuss traf ihn tödlich in die Brust.

1977

Arthur Millgram, Präsident der Automated Ticket Systems (er hatte Verträge mit der New Yorker Lotterie), wird ermordet.

Mai 1978

Harry „Harry the Fink“ Flaish (**Fleisher**) tot.

Harry Fleisher startete seine Karriere als Fahrer für **George C. Goldberg**, einem der Anführer des Oakland Sugar-House

Mob. Die Oakland Sugar-House Gang operierte vom Gebiet um Holbrook und Oakland Avenue aus. Sie wurde später von **Charlie Leiter** und **Harry Fleisher** geführt, die ihre Mobster mit der Purple Gang verschmolzen. Diese war damals, im Jahr 1917, unter der Kontrolle des 19jährigen **„Sammy Purple" Cohen** aus der Lower East Side, Detroit, Michigan. Auf ihrem Höhepunkt bestand die Purple Gang aus weniger als 100 Gangstern, die der 35.000 Mitglieder zählenden jüdischen Gemeinde in Detroit entstammten, und stellten kein signifikantes demografisches Element der Bevölkerung von Detroit dar.

Die Oakland Avenue war eine heruntergekommene Durchfahrtsstraße in der Nähe des Eastern Market mit einer großen jüdischen Nachbarschaft. Bis zum Auftauchen der Purple Gang gab es nichts, womit diese Gegend von sich reden hätte machen können. Das Gebiet war großteils bekannt für seine Betrunkenen und Arbeitslosen. Im Jahr 1932 verzeichnete ein Detroiter Polizeiinspektor 49 „bekannte" Mitglieder der Purples in seinen Unterlagen.

1978

Willie Weisberg stirbt in Philadelphia.

Weisberg, lange Zeit Mitglied der jüdischen Unterwelt von Philadelphia, wurde der neue Stadtboss, nachdem **Harry „Nig Rosen“ Stromberg** nach Florida gegangen war. Jahrelang war Weisberg Strombergs Fahrer und Leibwächter gewesen.

29. Mai 1980

Vernon E. Jordan Jr. (führender Bürgerrechtler) wird bei einem Mordanschlag in Fort Wayne, Indiana durch eine Schusswaffe lebensgefährlich verletzt.

4. September 1980

Robert Epstein wird in typischem Gang-Stil auf der Main Street in Flushing, New York, zweimal in den Kopf geschossen.

30. März 1981

Ronald Reagan, US-Präsident, wird von John W. Hinckley Jr. durch einen Schuss in den linken Lungenflügel verletzt; drei weitere Personen werden ebenfalls verletzt.

1981

Isadore „Kid Cann" Blumenfeld, 81, stirbt in Miami, Florida.

1942 identifizierte das FBI „Kid Cann" als das Oberhaupt der Mafia von Minneapolis, Minnesota. Viele der illegalen Geschäfte von Minneapolis wurden von Isadore „Kid Cann" Blumenfeld und seinem rein jüdischen Syndikat durchgeführt. Ursprünglich aus Sioux Falls, Iowa stammend, waren „Kid Cann", die Brüder Yiddie und Harry Bloom und die Berman-Brüder Davie und Chickie die prominentesten jüdischen Gangster in Minneapolis.

Es wird angenommen, daß „Kid Cann" verantwortlich war für den Maschinengewehr-Mord an Walter Liggett, Herausgeber von Midwest America, eine Zeitung, die eine Serie von Artikeln über die kriminelle Unterwelt von Minneapolis herausbrachte. Liggett wurde bei Weihnachtseinkäufen vor den Augen seiner Familie erschossen.

21. Jänner 1983

Allen „Red“ Dorfman, ein Versicherungs-Angestellter, wird von seinen Mobkollegen erschossen, als er zu seinem Auto auf dem Lincolnwood-Hotelparkplatz in Chicago unterwegs ist.

Der Mob hatte Angst, dass Dorfman als geladener Zeuge des FBI über organisierte Kriminalität und die Unterwanderung durch den Mob in Las Vegas auspacken würde.

1983

Meyer „Little Man“ Lansky, 81, stirbt in Miami, Florida.

1984

Harry „Nig Rosen“ Stromberg, 82, stirbt in Florida.

Harry „Nig“ Rosen“ Stromberg war der Nachfolger von **Max „Boo Boo“ Hoff** als der dominierende jüdischer Mobsterboss. „Nig Rosen“ führte die „69th Street Gang“, die an Prostitution, Wucher und der Beeinflussung des Arbeitsmarkts verdiente. Sein Einfluss reichte bis Washington, Baltimore und Atlantic City. Als Stromberg Philadelphia verließ, wurde er von seinem Fahrer und Leibwächter Willie Weisberg, einem langjährigen Mitglied der jüdischen Unterwelt, abgelöst.

23. Juni 1986

Die Leiche von Anthony „Tony the Ant“ Spilotro und die seines Bruders Michael Spilotro wurden in Indiana in einem Kornfeld vergraben gefunden. Spilotro war der Statthalter des Mobs in Las Vegas.

Spilotros Liquidierung wurde während eines Treffens von Ernest Rocco Infelise und anderen Mobführern in einem tschechischen Restaurant beschlossen.

Die Unterlagen der Anhörung zeigten, dass Dominic Palermo von der örtlichen Gewerkschaft in Chicago Heights (Mc Goughs) bei der Ermordung dabei war. Die Tat wurde auf drastische Weise in dem Film „Casino“ von Martin Scorcese beschrieben. Seine Frau „Betty“ holte ihn in der Nähe des Tatorts bei einem öffentlichen Telefon ab. Er musste sie anrufen, um sich abholen zu lassen, nachdem seine Komplizen ihn im Kornfeld zurückgelassen hatten, als sie sich nach der Eingrabung aus dem Staub machten. Wenn man solche Freunde hat, wozu braucht man noch Feinde.

„Betty“, eine verlässliche Informantin, führte FBI-Agenten später zu der Telefonzelle und gab an, was ihr über den Tathergang erzählt worden war.

2. August 1986

Roy Marcus Cohn, 59, stirbt an Aids

Roy Marcus Cohn, bekannt als „Sprachrohr“ von Joe McCarthy, wurde am 20. Februar 1927 geboren. Sein Vater Albert Cohen war Richter in New York und eine prominente Persönlichkeit der Demokratischen Partei. Roy Cohn schlug schon früh die politische Laufbahn ein.

Mithilfe der politischen Verbindungen seines Vaters wurde er der jüngste stellvertretende Staatsanwalt in Manhattan. In dieser Position konnte er eine wichtige Rolle im Prozess gegen elf Führer der Amerikanischen Kommunistischen Partei sowie im Verfahren gegen **Julius** und **Ethel Rosenberg** spielen. Die Rosenbergs wurden beschuldigt, geheime Nuklearinformationen an die Sowjetunion weitergegeben zu haben.

Mit seinem Auftreten im Rosenberg-Prozess erweckte Roy Cohn die Aufmerksamkeit von Edgar Hoover, der ihn dann McCarthy empfahl. Im Januar 1953 ernannte Senator Joe McCarthy Roy Cohn zum Chefanwalt des Regierungsausschusses für Aktivitäten des Senats. Im Herbst 1954 war Cohns Karriere bei McCarthy zu Ende.

Nach seinen McCarthy-Tagen stieg Roy Cohn in einer führenden Anwaltskanzlei in New York ein und vertrat dort große Namen wie die Verbrecherfamilie Gambino und andere hochrangige Mobster. Er verdiente sehr viel Geld, doch sein Hang zum Luxus war noch größer, so dass er eine Steuerschuld von 3 Millionen Dollar anhäufte.

In den achtziger Jahren wurde Cohn wegen standeswidrigen Verhaltens aus der Anwaltschaft ausgeschlossen. Am 14. Oktober 1984 wurde bei ihm Aids diagnostiziert. Trotz dieser Diagnose hielt Cohn seine sexuelle Orientierung geheim. Er behauptete, er habe Leberkrebs, und bekämpfte die Verordnungen der Stadt New York im Bereich der Homosexuellen-Rechte. Nach einem fast zweijährigen Kampf gegen Aids starb Roy Marcus Cohn am 2. August 1986.

Begraben am Union-Field-Friedhof, Queens, New York, in einem kleinen, privaten Familienmausoleum.

30. Mai 1988

Michael O'Mara stirbt. Der 27jährige Gesetzeshüter aus Cook County, Chicago begeht Selbstmord - oder war er Opfer des Mobs, den zu bekämpfen er lange versucht hatte?

1989

Morris Barney „Moe" Dalitz, 90, stirbt in Las Vegas, Nevada.

1995

Victor Riesel, 81, stirbt eines natürlichen Todes.

Riesel war ein landesweit anerkannter Journalist, der sich auf Arbeitsmarktpolitik spezialisiert hatte. Auf dem Gipfel seiner Popularität im Jahr 1956 wurde seine Kolumne in 193 Zeitungen publiziert. In einer Radiosendung nach Mitternacht am 5.4.1956 griff Riesel die illegalen Machenschaften der örtlichen Gewerkschaft Nr. 138 an, einem Teil der internationalen

Ingenieursgewerkschaft auf Long Island. Er beschuldigte den Leiter William DeKoning Jr. und dessen Vater William DeKoning Sr., einen gerade aus der Haft entlassenen Wucherer. Auch der Leiter der Lastwagenfahrer-Gewerkschaft, Jimmy Hoffa, wurde von ihm attackiert. Wahrscheinlich war es Hoffa, der sagte, dass mit Riesel etwas geschehen müsste.

Riesel wurde am 5.4.1956 um 3.00 Uhr morgens überfallen, als er Lindy's Restaurant in Brooklyn verließ. Auf dem Bürgersteig spritzte ihm ein Mann Schwefelsäure in Augen und Gesicht. Dieser junge Mann war **Abraham Telvi**, 21, der von ehemaligen Gefängnisinsassen angeheuert worden war, die lange in illegalen Machenschaften im Bekleidungsgewerbe mitgemischt hatten. Dreieinhalb Monate später wurde Telvi in der Lower East Side erschossen.

Jänner 1996

Sidney Korshak, 88, bekannt als Hauptschieber für den Mob, stirbt eines natürlichen Todes.

Korshak war in seinem Gewerbe unvergleichlich und bekannt als „der Mann des Mobs in Hollywood“ und anderen Orten im Westen. Ungeachtet dessen - oder gerade darum - bewegte sich Korshak unbehelligt in Tinseltown und war ein unersetzlicher Verbündeter für Filmproduzenten, Politiker und Geschäftsleute.

Korshak stammte aus einer wohlhabenden Familie in Chicago und erwarb sich seinen juristischen Titel an der DePaul-Universität im Jahr 1930. Gleich danach übernahm er die Verteidigung für Mitglieder des Capone-Syndikats. Als solcher wurde Korshak von der Geschäftselite der Stadt gemieden. In den späten 40er Jahren bekam er von Hollywood eine Chance. Die Filmemacher waren von seiner Fähigkeit, für Ruhe bei den Gewerkschaften der Crews und damit bei den Dreharbeiten zu sorgen, angetan. Korshak wurde für viele Filmmogule zu einem echten Kumpel, wie etwa für Lew Wasserman, Kirk Kerkorian und Charlie

Bluddhorn, der Paramount Pictures übernommen hatte. Einer der leidenschaftlichsten Anhänger von Korshak war Jackie Presser, ehemaliger Präsident der Hamsters. Presser bezeichnete Korshak einmal als den „... smartesten Hurensohn im Business, da gibt es nichts, was er nicht richten kann ... und er hat nicht einmal ein Büro. Dieser Bursche hat nicht einmal eine Aktentasche, er behält alles im Kopf."

Es wird behauptet, dass die Anrufe, die bei ihm eingingen von Klienten wie „Diners' Club", den „Chargers", den „Dodgers", den „Knicks", den „Rangers", „Seeburg", „National General", Rennbahnen aus dem ganzen Land, Hotelketten wie „Hyatt" und „Hilton" und wahrscheinlich noch einer Hundertschaft anderer Topfirmen kamen. Wann immer ein Anruf bezüglich der Angelegenheiten seiner „Chicagoer Klienten" einging, verließ er seinen Tisch mit einem Sack voller Münzen, um das Geschäft von einem Münztelefon aus zu führen. Die Bosse in Chicago hegten und pflegten Korshak mit großem Geschick. Sie warnten unwichtigere Mitglieder, ihm niemals zu nahe zu kommen, um nicht seine Reputation in der Öffentlichkeit und in der Geschäftselite zu gefährden.

Als Joey Aiuppa, ein Boss des Chicagoer Mobs, einmal einem unwichtigen Mobster erklärte: „Sid kann in der Öffentlichkeit nicht mit Typen wie uns gesehen werden. Wir haben unsere eigenen Wege, ihn zu kontaktieren", war es klar, dass dies eine Warnung war, die sogar mit Strafen bis zum Tod belegt werden konnte.

Korshak übte seine Macht aus. Diese Macht reichte um die ganzen Erdball und kam sogar für eher kleinere Aufgaben zu Einsatz. Robert Evans, der frühere Kopf von Paramount und ein weiterer Bewunderer Korshaks, verwendete ihn 1994 als Vorlage in seinem Drehbuch für den Film „The Kid Stays", wo der Hauptdrahtzieher nur vereinzelte Telefonate zur Ausübung seiner Macht benötigte, besonders wenn es um „Arbeitsmarktprobleme" ging. Evans hatte einen besonderen Grund dafür, Korshak sowohl verpflichtet als auch dankbar zu sein. Als der Produzent Al Pacino für die Rolle als „The Godfather" (Der Pate) haben wollte, konnte Sid den Schauspieler ziemlich rasch aus seinem Exklusivvertrag mit MGM herausholen.

Korshaks Hauptaktivitäten für den Mob lag meist in der Betreuung legaler Firmen, die viel für das Wachstum der Casino-

Industrie von Las Vegas taten. Sid lebte ein sehr gutes Leben. Mafiamitglieder sprachen manchmal neiderfüllt über Korshaks privates Leben. Es wird auch gesagt, dass Sid verantwortlich dafür war, dass Freundinnen Hauptrollen in Hollywood-Fernsehshows bekamen.

Zu einer Zeit, in der Mitglieder des Mobs fast immer einen gewalttätigen Tod fanden, war Sid Korshak zu wertvoll, um jemals in Gefahr zu geraten.

7. Jänner 1997

Herbert „Fat Herbie“ Blitzstein, 63 Kredithai in Chicago, Ex-Partner und Geschäftskollege des späten Königs des Chicagoer Mobs Anthony „Tony the Ant“ Spilotro, wird nach Unterweltmanier in seinem Heim in Las Vegas ermordet.

Die Täter, Teile der Unterwelt von Los Angeles und Buffalo, übernehmen seine Kredit- und seine Versicherungsbetrugsgeschäfte. **Richard Friedman**, 56, und drei Komplizen werden am 3. April 1997 des Mordes an „Fat Herbie“ Blitzstein angeklagt.

24. Dezember 2000

Die Schriftstellerin **Susan Berman**, 54, wird ermordet.

Gegen 12.30 Uhr nachmittags fuhren Streifenpolizisten in West Los Angeles zum Block 1500 des Benedict Canyon, nachdem sie über Funk von einer „offenen Tür" benachrichtigt worden waren. Sie fanden das Opfer in einem Zimmer liegend. Die untersuchenden Beamten stellten fest, dass der oder die Täter dem Opfer einmal in den Hinterkopf geschossen hatten. Sowohl Mordmotiv als auch Täter sind nach wie vor unbekannt.

Das Opfer wurde als Susan Berman identifiziert, die Tochter von **David „Davie" Berman**. „Davie" Berman und **Benjamin „Bugsy" Siegel** waren Geschäftspartner. Ihnen gehörte das Flamingo Hotel in Las Vegas, das nach der Ermordung Siegels in den alleinigen Besitz von Berman überging.

Susan Berman war Schriftstellerin, Produzentin, Enthüllungsjournalistin und Drehbuchautorin. Sie schrieb Bücher wie „Easy Street" und „Lady Las Vegas" und arbeitete als Autorin und Produzentin für eine Radiostation in San Francisco. Außerdem schrieb sie als Journalistin für das New York Magazine. Ihre letzte Arbeit war ein Drehbuch für die beliebte Sitcom „Sin City“.

Es wird geschätzt, dass zwischen 1919 und 1997 der Mob von Chicago 1.105 Morde in Auftrag gegeben und durchgeführt hat. Seit 1990 sind fünf Auftragsmorde aktenkundig.

Diese Liste wird zweifelsfrei fortgesetzt werden. Sie bietet bis zum heutigen Tag eine Übersicht über aufsehenerregende, vom Mob in Chicago sanktionierte Morde. Chicagos Al Capone selbst ordnete rund 500 Anschläge an.

GANGLAND GRAVES

Oyif der matzeva zaynen alle yiden shein*
(Auf dem Grabstein sind alle Juden schön)

*jüdisches Sprichwort

Herman "Hyman" AMBERG

Hebrew Name: Hayim Tuvia Ben Bezalel AMBERG

Cause of death: Suicide, shot himself
Age: 24

Montefiore Cemetery

Saint Albans, Queens County, New York
Plot: Block 97, Row 6R, Grave 53, Gate 82/S

פ נ
חיים טוביה
בר בצלאל
ת נ צ ב ה
HERMAN
AMBERG
DIED
NOV. 3, 1926
AGE 24 YRS
BELOVED
SON
AND
BROTHER

Joseph "Joey" AMBERG

Hebrew Name: Kalman Yitzhak Ben Bezalel AMBERG

Cause of death: Murdered, shot
Age: 42

Montefiore Cemetery

Saint Albans, Queens County, New York
Plot: Block 97, between North 8th and 9th Streets

פ נ
קלמן יצחק בר בצלאל
נפ ג׳ תשרי תרצ״ו
ת נ צ ב ה
JOSEPH
AMBERG
DIED SEPT. 30.
1935
AGE 42
YRS
BROTHER
BELOVED
SON

Louis "Pretty" AMBERG

Hebrew Name: Yehuda Leib Ben Bezalel AMBERG

Cause of death: Murdered, shot and beaten
Age: 38

Montefiore Cemetery

Saint Albans, Queens County, New York
Plot: Block 2, Row 12R, Grave 4

LOUIS
AMBERG
DIED OCT. 23.
1935
AGE 38
YRS
BROTHER
BELOVED
SON
DEAR AUNT

Louis "Lepke" BUCHALTER

Cause of death: Executed, electric chair Sing-Sing prison
Age: 47

Mount Hebron Cemetery
Flushing, Queens County, New York

BELOVED HUSBAND
AND FATHER
LOUIS BUCHALTER
BORN FEB. 6, 1897
DIED MARCH 4, 1944

Nathan "Kid Dropper" CAPLIN

Hebrew Name: Sander Nathan Ben Yoseph Halevi CAPLIN

Cause of death: Murdered, shot
Age: 34

Mount Hebron Cemetery

Flushing, Queens County, New York
Plot: Block 12, Path 7, Section D, Line 3, Grave 12

פ נ
האיש היקר מוה
סענדר נתן
בר יוסף הרוי
ת נ צ ב ה
My beloved
Husband
our dear Son
and Brother
NATHAN
Caplin
Died Aug 28, 1923
Age 34 years
HUSBAND

Meyer Harris “Mickey” COHEN

Hebrew Name: Meir COHEN

Cause of death: Natural
Age: 63

Hillside Memorial Park

Culver City, Los Angeles County, California
Plot: Alcove of Love, A-217

OUR BELOVED BROTHER
MEYER H. COHEN
MICKEY
1914 - 1976

Al "Bummy" DAVIS
(Albert DAVIDOFF)

Hebrew Name: Avraham Ben Menachem DAVIDOFF

Cause of death: Murdered, shot
Age: 25

Montefiore Cemetery

Saint Albans, Queens County, New York
Plot: Block 14, Row 1, Section B, Grave 30

DAVIDOFF
SON
פ נ
אברהם בר מנחם
ALBERT DAVIDOFF
DIED NOV. 21 1945
AGE 25 YEARS

Arthur "Dutch Schultz" FLEGENHEIMER

Hebrew Name: Shimon Ben Hayim FLEGENHEIMER

Cause of death: Murdered, shot
Age: 33

Gate of Heaven Cemetery
Hawthorne, Westchester County, New York

FLEGENHEIMER
ARTHUR S.
1901 — 1935
A. MARTHA GEIS
1895 — 1937

Martin "Buggsy" GOLDSTEIN

Hebrew Name: Meir Ben Hayim Gadil GOLDSTEIN

Cause of death: Executed, electric chair Sing-Sing prison
Age: 35

Mount Hebron Cemetery

Flushing, Queens County, New York
Plot: Block 42, Ref. 3, Section D, Grave 26

BELOVED HUSBAND
AND DEAR FATHER
MEYER
GOLDSTEIN
DIED
JUNE 13, 1941
AGE 35 YEARS
IN OUR HEARTS
HE LIVES FOREVER

Jack “Greasy Thumb” GUZIK

Hebrew Name: Yaakov GUZIK

Cause of death: Natural, heart attack
Age: 70

Oak Woods Cemetery

Chicago, Cook County, Illinois
Plot: Jewish Cemetery

BELOVED HUSBAND & FATHER
JACK GUZIK
MAR. 20. 1886
FEB. 21. 1956

Virginia “Flamingo” HILL

Cause of death: Suicide, overdose sleeping pills
Age: 50

Salzburg-Aigen Cemetery

Aigen, Salzburg, Austria
Plot: Section 1, Row 4, Grave 521

MARIA HAUSER
HANS HAUSER
8·10·1911 27·7·1974
FRIEDL HAUSER
21·8·1921
VIRGINIA HAUSER
24·3·1966

Louis “Louis Cohen” KERZNER

Hebrew Name: Elieser Ben Avraham KERZNER

Cause of death: Murdered, shot
Age: 35

Mount Hebron Cemetery

Flushing, Queens County, New York
Plot: Block 23, Path 2, Section A-C, Line 10, Grave 42

אליעזר ב׳ אברהם
נפטר ט׳ שבט תרצ״ט
ת׳נ׳צ׳ב׳ה׳
LOUIS
KERZNER
JAN. 1, 1904
JAN. 28, 1939
DEAR SON
BELOVED HUSBAND
AND FATHER
MAX
GOLDSTEIN
BELOVED HUSBAND
AND FATHER

Morris L. "Mennie" KESSLER

Hebrew Name: Moshe Lipa Ben Yehuda KESSLER

Cause of death: Murdered, shot
Age: 23

Mount Hebron Cemetery
Flushing, Queens County, New York

IN LOVING MEMORY
OF
MORRIS L.
KESSLER
BORN
JAN. 6, 1912
DIED
SEPT. 30, 1935
OUR BELOVED
BROTHER
REST

Abe "Misfits" LANDAU

Hebrew Name: Avraham Ben Nathan LANDAU

Cause of death: Murdered, shot
Age: 40

Mount Hebron Cemetery

Flushing, Queens County, New York
Plot: Block 28, Ref. 1, Section A-E, Line PP6, Grave 9,
John A. Kennedy Lodge

פ נ
IN LOVING MEMORY OF
ABRAHAM LANDAU
אברהם בר נתן
BORN DEC. 25. 1895
DIED OCT. 24. 1935

Meyer LANSKY

Hebrew Name: Meir Ben Mordechai SUCHOWLIJANSKY

Cause of death: Natural, cancer
Age: 80

Mount Nebo Cemetery
Miami, Miami-Dade, Florida

MEYER LANSKY
1902 1983
FOREVER IN OUR HEARTS

Jacob "Little Augie" ORGEN

Hebrew Name: Yaakov Ben Moshe Zvi Hacohen ORGEN

Cause of death: Murdered, shot
Age: 33

(Little Augie was buried by his father, a highly religious Jew, who ordered that the grave nameplate read: Jacob Orgen, Age 26 Years. Little Augie was really 33, but his family had considered him dead since 1919 when he had returned to a life of crime.)

Mount Judah Cemetery

Queens, Queens County, New York
Plot: Block 3, Row 14

פ נ
בנו היקר
שלמה יעקב בר
משה צבי הכהן
תנצבה
Jacob Orgen
DIED OCT. 16, 1927
AGE 26 YRS
REST IN PEACE
SON

Abe “Kid Twist” RELES

Hebrew Name: Avraham Elkana Ben Shimon RELES

Cause of death: Flew out of a window of the Half Moon Hotel (6th floor), Coney Island, Brooklyn
Age: 35

Mount Carmel Cemetery

Ridgewood, Queens County, New York
Plot: Section 1, Line 12, Grave 23

פ״נ
אלקנה בר שמעון
נפ׳ כ״ב חשון תש״ב
OUR DEAR BROTHER
ABE RELES
DIED NOV. 12, 1941
AGE 35 YEARS

Arnold "The Brain" ROTHSTEIN

Hebrew Name: Aharon Ben Avraham Eliyahu ROTHSTEIN

Cause of death: Murdered, shot
Age: 46

Union Field Cemetery

Queens, Queens County, New York
Plot: Section 52

ARNOLD ROTHSTEIN
BORN JAN. 17. 1882
DEPARTED NOV. 6. 1928
MAY HIS SOUL REST IN PEACE

Jack RUBY (Jacob Leon RUBINSTEIN)

Hebrew Name: Yaakov Arieh Ben Yoseph RUBINSTEIN

Cause of death: Died in Dallas prison hospital
Age: 55

Westlawn Cemetery

Chicago, Cook County, Illinois

BELOVED
SON AND BROTHER
JACK RUBY
APRIL 25, 1911 — JAN. 3, 1967
ת נ צ ב ה

Arnold L. SCHUSTER

Hebrew Name: Avraham Leib Ben Menachem Mendl SCHUSTER

Cause of death: Murdered, shot
Age: 24

Montefiori Cemetery
Saint Albans, Queens County, New York

FOREVER IN OUR HEARTS
פ״נ
אברהם לייב
בר׳ מנחם מענדל
נפ׳ י״ב אדר תשי״ב
ת נ צ ב ״ה
ARNOLD L.
SCHUSTER
DIED
MARCH 8, 1952
AGE 24 YEARS
BELOVED SON
AND BROTHER

Morris "Moe" SEDWAY (Moses SIDWIRTZ)

Hebrew Name: Moshe SIDWIRTZ

Cause of death: Natural
Age: 58

Hollywood Forever

Hollywood, Los Angeles County, California
Plot: Beth Olam Mausoleum, Section MH

BELOVED HUSBAND AND FATHER
MOE SEDWAY
1894 1952
FOREVER IN OUR HEARTS

Irving “Little Irv” SHAPIRO

Hebrew Name: Issar Ben Yoseph Halevi SHAPIRO

Cause of death: Murdered, shot
Age: 27

Mount Lebanon Cemetery

Queens, New York County, New York
Plot: Lyssianker Society, Block K, Ref. Gate 2

IS
פ׳ נ׳
כני איסר ב״ר
יוסף הלוי
נפ׳ כ״ו תמוז תרצ״א
ת נ צ ב ״ה
IRVING
SHAPIRO
DIED
JULY 11, 1931
AGE 27
YRS.
IN OUR HEARTS
YOU LIVE FOREVER

Jacob "Gurrrah" SHAPIRO

Hebrew Name: Yaakov Ben Zvi Hersch SHAPIRO

Cause of death: Natural, died in Sing-Sing prison
Age: 53

Montefiori Cemetery

Saint Albans, Queens County, New York
Plot: Block 20, Row 11L, Grave 3

JACOB SHAPIRO
DIED JUNE 9, 1947
REST IN PEACE

Meyer SHAPIRO

Hebrew Name: Yehoshua Meir Ben Yoseph Halevi SHAPIRO

Cause of death: Murdered, shot
Age: 23

Mount Lebanon Cemetery

Queens, New York County, New York
Plot: Lyssianker Society, Block K, Ref. Gate 2

MS
פ׳ נ׳
בני יהושע מאיר
בר׳ יוסף הלוי
נפ׳ ו׳ תשרי תרצ״ב
ת נ צ ב״ ה
MEYER
SHAPIRO
DIED
SEPT. 17, 1931
AGE 23
Y'RS
IN OUR HEARTS
YOU LIVE FOREVER

Willie SHAPIRO

Hebrew Name: Zeev Ben Yoseph Halevi SHAPIRO

Cause of death: Murdered, buried alive
Age: 23

Mount Lebanon Cemetery

Queens, New York County, New York
Plot: Lyssianker Society, Block K, Ref. Gate 2

פ נ
בני ואחינו היקר
זאב בר יוסף הלוי
נפ' ח' אב תרצ"ד
תנצב"ה
WILLIE
SHAPIRO
DIED JULY
20, 1934
AGE 23
YRS
BROTHER
BELOVED
SON

Benjamin "Bugsy" SIEGEL

Hebrew Name: Benyamin Ben Mordechai SIEGEL

Cause of death: Murdered, shot
Age: 41

Hollywood Forever

Hollywood, Los Angeles County, California
Plot: Beth Olam Mausoleum, 2nd hallway on right (M2), C-1087

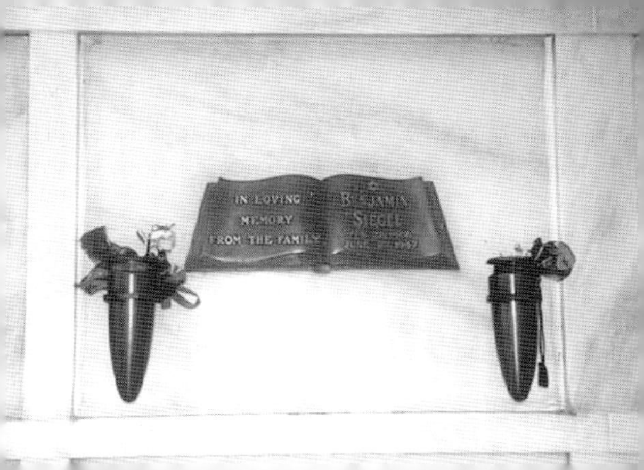
IN LOVING
MEMORY
FROM THE FAMILY

Harry "Pittsburgh Phil" STRAUSS

Hebrew Name: Naphtali Herz Ben Yaakov Simcha STRAUSS

Cause of death: Executed, electric chair Sing-Sing prison
Age: 32

Beth David Cemetery

Elmont, Nassau County, New York
Plot: Block 1, Plot AA, N.Voldger Society, Corner of Beth Israel and Lincoln Streets

HARRY
STRAUSS

Abraham TELVI

Hebrew Name: Avraham Ben Shlomo TELVI

Cause of death: Murdered, shot
Age: 21

Montefiori Cemetery

Saint Albans, Queens County, New York
Plot: Section 97, Roadside

Forever In Our Hearts
פ נ
אברהם ב״ר שלמה
שנקטף בדמי ימיו
ABRAHAM
TELVI
OUR BELOVED SON
DEVOTED BROTHER
SEPT. 12. 1934

George WEINBERG

Hebrew Name: Gershon Ben Shamay WEINBERG

Cause of death: Suicide, shot himself
Age: 37

Mount Carmel Cemetery

Ridgewood, Queens County, New York

נ פ
גרשון בר שמאי
נפ ט שבט תרצט
ת נ צ ב ה
BELOVED HUSBAND
AND OUR DEAR FATHER
GEORGE
WEINBERG
DIED JAN. 29. 1939
AGE 37 YEARS

Albert R. "The Gorilla" WEINSHENKER

Cause of death: Murdered, shot
Age: 36

Waldheim Jewish Cemetery

Forest Park, Cook County, Illinois
Plot: In Sons and Daughters of Jacob Gate

BELOVED HUSBAND
ALBERT R.
WEINSHENKER
BORN DEC. 23, 1893
DIED FEB. 14, 1929.
REST IN PEACE.

Emanuel “Mendy” WEISS

Cause of death: Executed, electric chair Sing-Sing prison
Age: 38

Mount Hebron Cemetery

Flushing, Queens County, New York
Plot: Block 115, Lot 8, Ref. 1, Grave 10

EMANUEL WEISS
BELOVED HUSBAND AND SON
JUNE 11, 1906
MARCH 4, 1944

Irving “Waxey Gordon” WEXLER

Hebrew Name: Yitzhak Ben Leib WEXLER

Cause of death: Natural, died in prison
Age: 64

Mount Hebron Cemetery

Flushing, Queens County, New York
Plot: Block 28, Line 8, Grave 3

IRVING WEXLER
יצחק ב״ר ליב
JAN 19, 1888
JUNE 24, 1952

"Big Jack Zelig"
(Selig Harry LEFKOWITZ)

Hebrew Name: Selig Zvi Ben Ephraim LEFKOWITZ

Cause of death: Murdered, shot
Age: 24

Washington Cemetery

Brooklyn, Kings County, New York
Plot: Section 4, Post 396, Row 3, Grave 4

SELIG HARRY
LEFKOWITZ

Jack ZUTA

Hebrew Name: Yaakov ZUTA

Cause of death: Murdered, shot
Age: 42

Hebrew Cemetery
Bell County, Kentucky

ת׳נ׳צ׳
ב׳ה
JACK ZUTA
BORN
FEB. 15. 1888
DIED
JULY 31, 1930
ZUTA

Abner "Longie" ZWILLMAN

Hebrew Name: Avraham Avner Ben Reuven ZWILLMAN

Cause of death: Found hanged
Age: 54

Temple B'nai Abraham Memorial Park
Union (Union County-Roselle), Union County, New Jersey

ABNER ZWILLMAN
BELOVED HUSBAND AND FATHER
JULY 27, 1904
FEB. 26, 1959